I0820931

ENTIENDE TU MAGIA

M

Papel certificado por el Forest Stewardship Council®

Primera edición: junio de 2025

Printed in Spain – Impreso en España

ISBN: 978-84-10396-91-3
Depósito legal: B-6.372-2025

Diseño y maquetación de interiores: Olga Coderch
Impreso en Gómez Aparicio, S.L.
Casarrubuelos (Madrid)

GT96913

LYDIA ILUSSIA

ENTIENDE TU MAGIA

Descubre los secretos de la brujería
y conecta con tu poder personal

Ilustraciones de Anna Payán

montena

ÍNDICE

INTRODUCCIÓN: LO QUE ESPERA SER DESCUBIERTO

Si estás aquí es porque, de alguna manera, la magia ya ha llamado a tu puerta. Tal vez la has sentido en esos momentos en los que el universo te ha hablado a través de una señal, en esa conexión inexplicable con alguien o en un sueño que parecía más real que la propia vigilia. O quizá siempre has sabido que hay algo más allá de lo que se ve, algo que late en lo invisible, esperando ser descubierto.

Yo también lo sentí. Desde pequeña, la magia fue un susurro constante en mi vida, una energía que me envolvía sin que pudiera explicarla del todo. Nadie en mi familia la practicaba; nadie me enseñó lo que era un ritual, a leer las cartas o a conectar con la energía. Pero, dentro de mí, había algo que me impulsaba a buscar respuestas. Fue una búsqueda que me llevó a cuestionarlo todo, a explorar caminos que me hicieron crecer y soltar creencias que ya no resonaban conmigo.

Este libro nace de esa búsqueda y del deseo de compartir lo aprendido en este viaje. Porque la magia no es solo un conjunto de rituales o conocimientos antiguos, es una forma de estar en el mundo, una manera de conectar contigo y con lo que te rodea. Eres energía y, si aprendes a escucharla y canalizarla, puedes transformar tu vida.

Aquí no encontrarás reglas rígidas ni verdades absolutas. La magia es personal y única. Este libro es una guía, un mapa para que explores, experimentes y descubras qué resuena contigo. Porque no se trata de seguir un camino preestablecido, sino de construir el tuyo. Adéntrate en estas páginas con la mente abierta y el corazón dispuesto. Observa, siente, cuestiona y permítete experimentar. La magia está en todas partes, solo hay que saber dónde mirar. Y lo más importante: también está en ti.

Descubre la magia

EL TEJIDO DE LA VIDA: CONOCIMIENTOS ANCESTRALES

A lo largo de la historia, los humanos hemos sentido una fascinación profunda por lo que no podemos ver pero sí percibir, por todos esos misterios que susurran desde lo invisible: el propósito de la vida, el enigma de la muerte, la sensación de que hay algo más allá de lo que nuestros ojos alcanzan. Para mí, lo esotérico es justamente eso: un puente que no solo conecta lo visible con lo invisible, sino que también nos permite recordar la magia que llevamos dentro, esa chispa sagrada que nos une a la naturaleza y al universo.

Imagina por un momento a nuestras primeras civilizaciones. Su conexión con los ciclos naturales no era una elección espiritual o una moda pasajera, sino una cuestión de supervivencia. En un mundo donde las estaciones marcaban el ritmo de la vida, leer las señales del cielo, de la tierra, del viento o del agua no era un acto de curiosidad, sino de sabiduría vital. Cada amanecer, cada cosecha, cada luna llena se veía como un mensaje, un recordatorio de que formaban parte de algo más grande.

Para esos pueblos, la magia no era un acto aislado, reservado para momentos especiales; era el lenguaje mismo con el que entendían su lugar en el cosmos. En distintas culturas surgieron figuras que se convirtieron en guardianes de ese conocimiento ancestral. Aunque sus nombres y métodos variaban, el propósito era el mismo: tender puentes entre el mundo terrenal y el divino. En el cuadro de la página siguiente, encontrarás algunas de las más importantes.

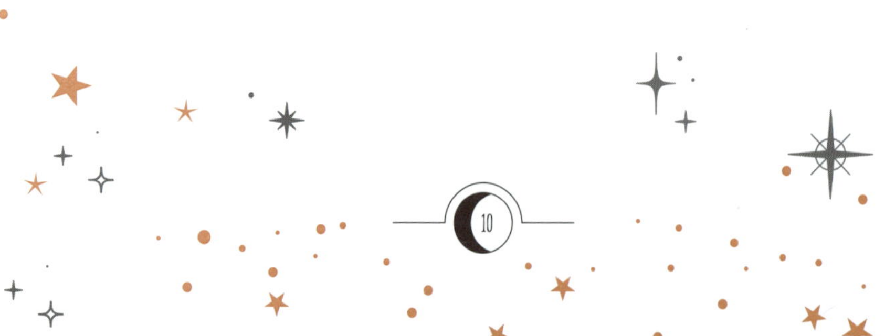

Chamanes	También conocidos como los mediadores entre mundos. Con plantas sagradas, cánticos y estados de trance, sanaban, guiaban y escuchaban lo que otros no podían oír.	Hoy, su legado nos inspira a reconectar con la naturaleza, a usar hierbas y rituales sencillos para equilibrar nuestra energía.
Sacerdotisas	En culturas como la egipcia, la griega o la celta, eran guardianas de lo sagrado. Sus ceremonias mantenían el delicado equilibrio entre el cielo y la tierra.	En nuestra vida moderna, quizá ese mismo papel lo cumple un pequeño altar personal, un espacio donde meditar, agradecer o simplemente conectar con nuestro interior.
Druidas	Sabios de la tradición celta, vivían en profunda comunión con la naturaleza	Su relación con los árboles, las piedras y los ciclos de la tierra nos recuerda que algo tan simple como plantar una semilla puede ser un acto mágico, un símbolo de renacimiento.
Völvas	Tejedoras del destino en la tradición nórdica, trabajaban con el seidr, una práctica de adivinación y magia que les permitía explorar los hilos invisibles que conectan todas las cosas.	Nos inspiran a confiar en nuestra intuición, a descubrir nuestra propia brújula interna a través de prácticas como la meditación

Pero, mucho antes de que existieran estos títulos, la magia no tenía nombre ni definición. No era un rol, ni un oficio ni algo reservado para unos pocos. Era simplemente la forma natural de vivir. Las primeras culturas sabían, de manera instintiva, que cada acto cotidiano estaba conectado a algo sagrado. Encender un fuego para calentar el hogar, recolectar plantas para sanar, observar las estrellas en busca de orientación… Todo tenía un propósito, una intención, un eco del misterio que habitaba tanto dentro como fuera de ellos.

La magia era el tejido mismo de la vida. No había separación entre lo mundano y lo espiritual porque todo era parte del mismo ciclo sagrado y estaba en armonía con el latido de la Tierra y del universo.

LA MAGIA A TRAVÉS DEL TIEMPO Y SU INFLUENCIA ACTUAL: DE PROHIBICIÓN A RENACIMIENTO

Hubo un tiempo en que la magia era natural, parte de la vida. Pero con la llegada del poder de la Iglesia y el avance del cristianismo, lo que antes era sagrado comenzó a verse como una amenaza. La figura de la bruja, que había sido símbolo de sabiduría y conexión con la tierra, fue transformada en un arquetipo oscuro y asociado al mal. No porque la magia hubiera cambiado, sino porque el miedo y la ignorancia empezaron a hablar más alto que la comprensión.

La caza de brujas fue uno de los capítulos más sombríos de nuestra historia. Miles de personas, en su mayoría mujeres, fueron perseguidas, torturadas y ejecutadas simplemente por saber demasiado, por sanar con hierbas, por honrar a la luna o por no encajar en las normas impuestas. Sin embargo, ***ni el fuego ni el miedo pudieron apagar la llama de la magia***. Se mantuvo viva en susurros, en recetas familiares, en cuentos contados al calor del hogar, en gestos cotidianos que escondían rituales antiguos.

Con el paso del tiempo, especialmente durante la Ilustración, el conocimiento empezó a abrir grietas en la rigidez de la Iglesia. Resurgió la curiosidad por el esoterismo, la astrología, la alquimia y otros saberes ancestrales. La magia nunca desapareció; solo se transformó, se adaptó, se ocultó cuando fue necesario, y resurgió cuando encontró un espacio para florecer.

Hoy vivimos un renacimiento. La brujería y la espiritualidad ya no se ocultan. Se reivindican como caminos de autoconocimiento y conexión con lo sagrado. No es una moda ni un capricho: es la memoria ancestral despertando en quienes sentimos que *la vida es más que lo que se ve*.

En realidad, las tradiciones ancestrales nunca desaparecieron, simplemente aprendieron a transformarse, a acompañarnos a través del tiempo. A lo largo de los siglos, estas prácticas se han adaptado a los cambios culturales, pero su esencia ha permanecido intacta. En un mundo regido por la inmediatez, buscamos precisamente volver a lo esencial. Prácticas como conectarnos con la naturaleza, con los ciclos de la luna o con el pulso de la Tierra nos enseñan a desacelerar, a encontrar la magia en lo cotidiano y a mirar el mundo con otros ojos.

Sanación y medicina natural

El uso de hierbas medicinales y ungüentos para equilibrar el cuerpo y el espíritu sigue siendo una fuente de inspiración. Por ejemplo, el uso del romero para limpiezas energéticas o la manzanilla para calmar el sistema nervioso puede incorporarse en nuestra vida diaria.

Rituales y ceremonias

Los rituales marcaban los momentos clave de la vida: nacimientos, matrimonios y pasos hacia la madurez. Más que simples celebraciones, conectaban a las personas con el ciclo de la vida y el universo, entrelazando lo sagrado con lo cotidiano.

Sabiduría y conocimiento

Los sabios de cada cultura eran guardianes de las historias y del conocimiento. A través de mitos y enseñanzas, preservaban la memoria de su pueblo, transmitiendo lecciones sobre la naturaleza y el espíritu. Eran guías y maestros para todos.

La **verdadera espiritualidad** no se mide por la complejidad de los rituales ni por la cantidad de objetos que tengas en tu altar, sino que está en la intención con la que haces cada cosa; en cómo respiras, en cómo te pones las manos sobre el pecho para calmar el corazón, en cómo hablas a las plantas o agradeces al agua cuando la bebes.

Lo que hoy llamamos «brujería moderna» no es más que una reinterpretación de toda esa sabiduría antigua. No es un disfraz ni una moda. Es un regreso a casa. Es recordar que siempre hemos sabido cómo conectarnos con el misterio, aunque a veces lo hayamos olvidado. La brujería es un viaje hacia dentro, hacia el autoconocimiento, una forma de entender que lo trascendental está en los elementos más simples de nuestro entorno: la tierra que pisamos, el aire que respiramos, el agua que nos calma y el fuego que nos ilumina.

LA CONEXIÓN EN LA VIDA COTIDIANA

La magia no necesita altares elaborados ni rituales complicados.
Está en lo simple.
Está en ti.

- Cuando enciendes una vela y piensas en alguien que amas, estás haciendo magia.

- Cuando te pones la mano en el pecho y respiras hondo para calmar tu mente, estás haciendo magia.

- Cuando agradeces el agua que bebes, la comida que te nutre el cuerpo, el sol que te calienta la piel, estás haciendo magia.

Establecer una intención al comenzar el día, reflexionar sobre lo vivido o agradecer antes de dormir son gestos que crean un puente entre lo mundano y lo sagrado. Pasear al aire libre, observar la luna, sentir el viento en la cara, abrazar un árbol… todo eso es un ritual si lo haces con presencia.

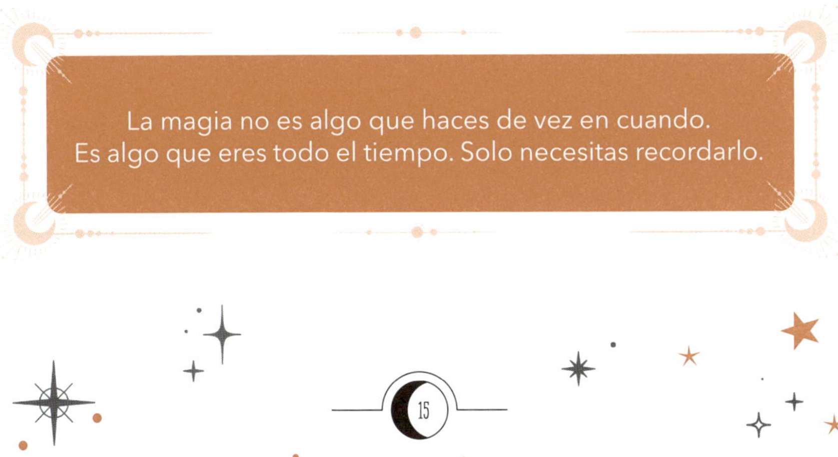

Ciclos de luz y sombra

LA RUEDA DEL AÑO

¿Has escuchado alguna vez hablar de la rueda del año? Es la forma en la que representamos el ciclo eterno de las estaciones, ese ritmo natural que nos envuelve, aunque a veces no le prestemos atención. Imagina una rueda que gira sin parar y que marca momentos de cambio, de luz y oscuridad, de crecimiento y descanso, igual que hace la naturaleza a lo largo del año.

Se divide en ocho festividades, cada una señala un momento especial, un punto de inflexión en el camino del año que nos invita a reflexionar, celebrar y, sobre todo, a *reconectar con lo que somos en esencia*: parte de este gran ciclo natural.

Recordatorio: aunque vivamos rodeados de tecnología y prisas, seguimos estando conectados con la Tierra, el sol, la luna y los ciclos que gobiernan la vida.

SAMHAIN

¿Alguna vez has sentido que el aire de finales de octubre tiene algo distinto, como si estuviera cargado de un misterio antiguo? Eso es Samhain. Su nombre significa «fin del verano», aunque también mucho más. Es el cierre de un ciclo, el último suspiro cálido antes de que la oscuridad del invierno se instale con calma y firmeza.

Se celebra el *31 de octubre*, marcando el final de la temporada de cosechas. La tierra empieza a recogerse, a descansar, como si la propia naturaleza necesitara una pausa después de tanta entrega. En ese reposo, sucede algo mágico: el velo que separa nuestro mundo del más allá se vuelve tan fino que casi puedes sentirlo. Es un momento en el que lo invisible se asoma y los dos mundos se rozan con delicadeza, te invita a mirar hacia adentro, a aceptar que la oscuridad también tiene su belleza. Nuestros ancestros lo sabían bien: encendían grandes hogueras, no solo para espantar el frío, sino como acto de fe.

En Samhain, el tiempo parece detenerse por un instante. Los sueños se vuelven más vívidos, las intuiciones son más intensas y esa sensación de estar conectados con algo más grande que nosotros se hace casi palpable. Es un momento sagrado para recordar a quienes ya no están, pero que de alguna forma nunca se han ido del todo. Es un puente entre lo que fue y lo que está por venir.

Tradiciones de Samhain

- Honrar a los ancestros: prepara una mesa para quienes ya no están físicamente, pero siguen presentes en tu vida. Para ello, coloca fotos, velas, alguna comida o bebida que les gustaba. No es un acto solemne o triste; es un reencuentro lleno de cariño, una manera de decir: «Te recuerdo, te honro, sigues conmigo».

- Rituales de protección: como el velo entre mundos se abre, también es un buen momento para proteger tu energía. Puedes encender velas, usar hierbas como el romero o el laurel, o simplemente visualizar una luz envolviéndote. No necesitas grandes ceremonias; la intención es lo que marca la diferencia.

- Disfraces y pinturas: ¿sabías que la costumbre de disfrazarse en Halloween viene de aquí? Antiguamente, la gente se vestía con máscaras o se pintaba la cara para pasar desapercibida entre los espíritus que vagaban esa noche. Era una mezcla de respeto, protección y, por qué no, un poco de diversión en medio del misterio.

- Luces para los que ya no están: antes de que las calabazas talladas fueran populares, se usaban nabos vaciados con una vela dentro para guiar a los espíritus de regreso a casa. Hoy continuamos esa tradición con las calabazas y la esencia es la misma: iluminar el camino de quienes amamos y ya han partido.

- Reflexión y nuevos comienzos: Samhain es como un Año Nuevo espiritual. Es el momento perfecto para soltar lo que ya no necesitas: miedos, creencias limitantes, viejas heridas. Si te apetece, puedes hacer este pequeño ritual: escribe en un papel lo que quieres dejar atrás y quémalo con cuidado, dejando que el humo se lo lleve. Es un acto simbólico pero poderoso.

Honra a los ancestros

Este ritual es una invitación a abrir el corazón y a recordar con amor a aquellos que vinieron antes.

Materiales: Una vela blanca o negra, fotos u objetos de tus ancestros, una ofrenda (comida, bebida, flores).

Instrucciones: Crea un pequeño altar en un lugar tranquilo. Coloca las fotos u objetos que representen a tus ancestros, enciende la vela y deja tu ofrenda frente a ellos. Dedica un momento para hablarles en voz alta o mentalmente, dales las gracias por su legado y amor.

A continuación, pronuncia estas palabras: *«Honro a quienes vinieron antes que yo. Que esta luz los guíe y encuentren paz y amor en su camino».* Deja la vela encendida por un rato o hasta que se consuma. La ofrenda puede permanecer hasta la mañana siguiente antes de retirarla.

YULE

El *21 de diciembre*, el solsticio de invierno, nos trae Yule, la noche más larga y oscura del año.

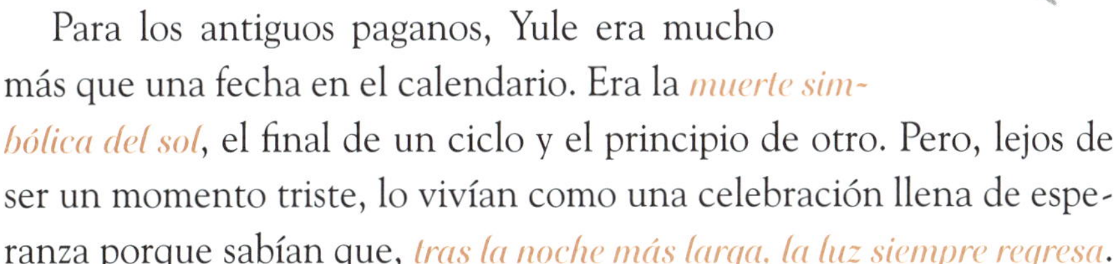

¿Has tenido la sensación de que el mundo entero se queda en silencio, como si la naturaleza contuviera la respiración? Se debe a que es un momento de quietud profunda, cuando la oscuridad alcanza su punto máximo y el sol parece detenerse un instante, nos recuerda que incluso la luz necesita descansar antes de volver a nacer.

Para los antiguos paganos, Yule era mucho más que una fecha en el calendario. Era la *muerte simbólica del sol*, el final de un ciclo y el principio de otro. Pero, lejos de ser un momento triste, lo vivían como una celebración llena de esperanza porque sabían que, *tras la noche más larga, la luz siempre regresa*.

Yule nos enseña que la oscuridad no es un enemigo, sino un espacio sagrado donde la vida se gesta en silencio. A partir de este día, poco a poco, la luz volverá a crecer, trayendo consigo promesas de fertilidad, nuevos comienzos y oportunidades que florecerán con la llegada de la primavera. Es el momento perfecto para soltar lo viejo, lo que ya no tiene lugar en tu vida y plantar intenciones que crecerán junto al sol en los meses venideros.

Fuera, el frío cubre la tierra y los árboles parecen dormir, pero sus raíces están vivas, se alimentan en silencio, preparándose para el despertar, y tú, al igual que ellos, puedes aprovechar este tiempo para mirar hacia dentro y nutrir esos sueños que aún están germinando en la oscuridad.

Yule nos invita a encontrar claridad y esperanza incluso en el corazón del invierno; es un recordatorio de que la vida, la muerte y el renacimiento no son solo ciclos de la naturaleza, sino procesos que también suceden en nuestro interior.

Tradiciones de Yule

- Fiestas familiares: las reuniones familiares alrededor del fuego eran el centro de las celebraciones de Yule y traían un sentimiento de comunidad. Se compartían ofrendas de alimentos, vino y dulces con los dioses y la naturaleza en agradecimiento por las cosechas pasadas y en busca de bendiciones para el año que comenzaba.

- Recordar a los ancestros: se recordaba a los seres queridos fallecidos y las historias de sus vidas y sabiduría se contaban alrededor del fuego, uniendo el pasado con el presente y fortaleciendo los lazos familiares. La luz de las velas y del fuego representaba la conexión con aquellos que ya no estaban físicamente pero cuyo legado seguía vivo.

- El árbol de la vida: la tradición de colocar un abeto en el hogar tiene raíces profundas. El árbol de Yule representaba el árbol de la vida, un símbolo de esperanza y continuidad. Su verdor en medio del invierno recordaba que la vida siempre permanece, incluso cuando todo parece dormido. Decorar el árbol con velas, frutas y pequeñas ofrendas era una forma de atraer bendiciones y celebrar el renacer de la naturaleza.

- Decoraciones naturales y simbólicas: el muérdago, el acebo y otras plantas sagradas se usaban para decorar el hogar y simbolizaban protección, fertilidad y buena fortuna. Besarse bajo el muérdago era un acto de amor y unión, traía suerte y conexión a la pareja y a la familia. Los toques de rojo y verde hacían referencia a la sangre de la vida y a la fertilidad que despertaría con el sol.

Tronco de Yule

Ritual para traer luz, calor y protección al hogar durante la noche más larga del año.

Materiales: un tronco de madera, ramas de acebo o muérdago, cinta roja y una vela.

Instrucciones: adorna el tronco con las ramas y átalo con la cinta roja, esto simboliza la unión de la vida y la luz. Si tienes una chimenea, colócalo en el fuego mientras piensas en aquello que deseas dejar atrás y en las bendiciones que quieres para el nuevo ciclo. Si no tienes chimenea, simplemente enciende la vela y colócala encima del tronco como símbolo de la luz que regresa. Al día siguiente, guarda las cenizas o restos de cera como amuleto de buena fortuna.

IMBOLC

El *1 de febrero* llega Imbolc, el momento sutil en el que el invierno empieza a soltar su abrazo, aunque aún se sienta su aliento frío en el aire.

Es un despertar lento, casi imperceptible si no prestas atención, pero está ahí, como un suspiro de la primavera que se avecina.

Tal vez lo notes en un brote diminuto asomándose entre la escarcha, en la luz del día que se alarga apenas unos minutos más o en el canto tímido de un pájaro que regresa. Imbolc es ese susurro de la naturaleza diciendo: «Estoy despertando».

Esta festividad es una despedida suave del invierno y una bienvenida a la promesa de nuevos comienzos; el momento perfecto para mirar hacia adentro y preguntarte: «¿Qué quiero despertar en mí? ¿Qué semillas invisibles están germinando en mi interior esperando la luz?».

Imbolc está dedicado a *Brigid*, la diosa celta de la fertilidad, la curación y la inspiración. Pero Brigid no es solo una denominación: es también la chispa que enciende algo dentro de ti cuando sientes la motivación a crear, sanar o empezar de nuevo.

Brigid es la guardiana del fuego sagrado que arde en nuestro corazón, incluso en los días más fríos y oscuros. Su energía nos invita a encender la llama interior, a dejar atrás lo que ya no sirve y a preparar el terreno para lo que está por florecer.

Tradiciones de Imbolc

- Encender velas en las ventanas: ¿alguna vez has encendido una vela para encontrar un poco de paz? En Imbolc, colocar velas en las ventanas es un gesto sencillo, pero con gran poder: su luz simboliza la esperanza y da la bienvenida a Brigid, invitándola a traer su protección y calor al hogar. Necesitas una simple vela blanca, encendida con una intención sincera; esto es suficiente para crear un espacio de magia y renovación

- Hogueras y fogatas: en Imbolc, el fuego es una manifestación sagrada del renacimiento. Las fogatas eran el centro de la festividad, donde la familia se reunía para compartir historias y ofrendas a la diosa. Las cenizas que quedaban tras la hoguera se consideraban sagradas, pues contenían la energía purificadora del fuego. Por la mañana, esas cenizas se esparcían por los campos, bendiciendo la tierra y asegurando una cosecha abundante.

- Bendecir prendas de ropa: una de las tradiciones más especiales era dejar prendas de ropa a la intemperie durante la noche, con la esperanza de que Brigid pasara y las bendijera, un gesto de amor y fe hacia la diosa. Estas prendas, una vez tocadas por la diosa, se convertían en talismanes protectores y curativos, y se usaban durante todo el año para llevar cerca su energía y brindar protección a los miembros de la familia.

- Cruces de Brigid: una práctica ampliamente difundida. Estas cruces, símbolos sagrados de la diosa y del sol, estaban realizadas con heno, paja o mimbre, se colocaban en hogares, establos y graneros con el fin de atraer la protección divina y recibir las bendiciones de la diosa para la familia y los animales. Además, también se creaban figuras que representaban a la propia diosa.

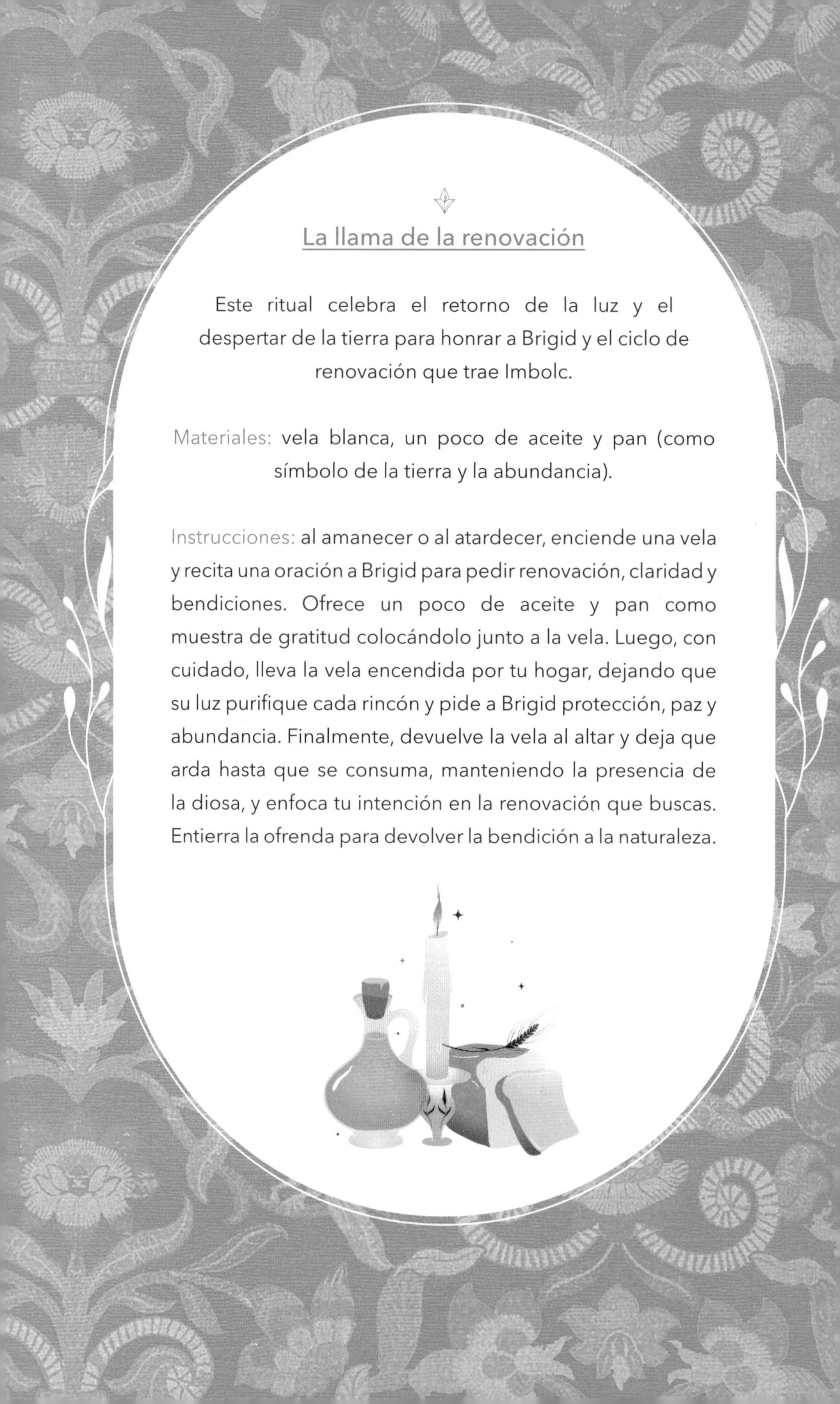

La llama de la renovación

Este ritual celebra el retorno de la luz y el despertar de la tierra para honrar a Brigid y el ciclo de renovación que trae Imbolc.

Materiales: vela blanca, un poco de aceite y pan (como símbolo de la tierra y la abundancia).

Instrucciones: al amanecer o al atardecer, enciende una vela y recita una oración a Brigid para pedir renovación, claridad y bendiciones. Ofrece un poco de aceite y pan como muestra de gratitud colocándolo junto a la vela. Luego, con cuidado, lleva la vela encendida por tu hogar, dejando que su luz purifique cada rincón y pide a Brigid protección, paz y abundancia. Finalmente, devuelve la vela al altar y deja que arda hasta que se consuma, manteniendo la presencia de la diosa, y enfoca tu intención en la renovación que buscas. Entierra la ofrenda para devolver la bendición a la naturaleza.

OSTARA

Entre el *21 y el 25 de marzo*, el equinoccio de primavera nos trae Ostara, el momento en el que el día y la noche se encuentran en perfecto equilibrio, como si la luz y la oscuridad se dieran la mano por un instante. Es un punto de armonía en el año, un suspiro de la naturaleza que nos recuerda que, tras la oscuridad del invierno, siempre llega la luz.

Ostara es un tributo al *renacimiento*. La tierra despierta de su letargo y, con ella, las semillas que han dormido bajo la tierra comienzan a abrirse, estirándose hacia el sol. ¿Te has fijado en que de repente todo comienza a florecer? No solo la naturaleza, sino también las personas. Es el momento en el que sientes una energía nueva, un impulso de empezar cosas, de limpiar, de crear.

Esta festividad está vinculada a *Eostre*, diosa germánica de la fertilidad y la primavera. Su energía vive en cada brote que emerge de la tierra, en cada flor que se abre, en cada idea que despierta en tu interior. De hecho, su nombre dio origen a la palabra *Easter* en inglés, aunque con el tiempo sus raíces paganas se hayan difuminado.

Ostara es ese instante en el que comienza a manifestarse lo que siembras en la introspección del invierno (en Imbolc), te recuerda que todo lo que cuidas con paciencia y amor encuentra su camino hacia la luz.

Es un tiempo para movernos, para crear, para dar forma a lo que antes solo existía en nuestra mente y en nuestro corazón.

Tradiciones de Ostara

- Pintar y esconder huevos: los huevos se decoraban con tintes naturales de colores brillantes y se escondían en jardines o bosques; quienes los encontraban recibían bendiciones de abundancia y buena suerte. Pintarlos es una de las tradiciones más conocidas y ancestrales, incluso se relacionaba en sus orígenes con la creación, la fertilidad y el renacimiento. Al pintarlos, también conectamos con la creatividad, la energía de esta celebración.

- La liebre, símbolo de fertilidad: este animal totémico de Ostara se ha asociado siempre con el concepto de fertilidad, ya que tiene la capacidad de reproducirse con rapidez. Se creía que estaba conectada con la diosa Eostre y que bendecía a quienes la honraban. Llena de vida y energía, la liebre es también un reflejo del despertar de la naturaleza y de la abundancia de la primavera.

- Panecillos de pascua: ¿has oído hablar alguna vez del panecillo de Pascua? Suele ser dulce y estar marcado con una cruz, ya que este símbolo representaba el equilibrio entre la luz y la oscuridad, así como el renacer de la naturaleza. Este alimento, originalmente presentado como ofrenda a la fertilidad de la tierra, nos ayuda a conectar con la esencia de la renovación.

- Conexión con la naturaleza y paseos al aire libre: Ostara es el momento perfecto para estar en el exterior y sentir la primavera en la piel. Date un paseo por el bosque, recoge flores silvestres, toca la tierra con las manos. Siente el cambio en el aire, en la luz, en ti. Honra este renacer con gratitud, porque todo lo que ves florecer en la naturaleza también está floreciendo dentro de ti.

Sembrar intenciones

Este ritual conecta con la energía de manifestación de Ostara, simbolizando cómo las semillas (intenciones) plantadas crecen con la luz del sol.

Materiales: semillas (flores, hierbas u hortalizas), una maceta o un pequeño espacio de jardín, tierra fresca y agua.

Instrucciones: llena una maceta con tierra fresca y coloca las semillas en ella. Mientras siembras, piensa en tus deseos e intenciones para este nuevo ciclo. Di en voz alta: *«Así como estas semillas despiertan y crecen hacia la luz, que mis deseos florezcan con fuerza y plenitud. Que la energía de Ostara guíe mi camino y me bendiga con abundancia y renovación».*

Después, riega las semillas y cuídalas a lo largo de la primavera. A medida que crezcan, recuerda tus intenciones y observa cómo florecen al mismo tiempo que la naturaleza.

BELTANE

El *1 de mayo* llega *Beltane*, una festividad que estalla en colores, vida y energía. El aire fresco de la mañana se mezcla con el calor creciente del sol, el olor de las flores y el cosquilleo en la piel que anuncia el verano. Beltane marca ese momento mágico en el que la oscuridad del invierno queda atrás y la naturaleza se muestra en su máximo esplendor, vibrante y fértil.

Su nombre significa *«fuego brillante»* y no es casualidad. El fuego es el corazón de Beltane, un símbolo de transformación, purificación y pasión. Para los antiguos celtas, este era el punto de inflexión que marcaba el inicio de una temporada de abundancia; el momento en que el ganado salía hacia pastos más verdes, simbolizando no solo un cambio en la tierra, sino también en el espíritu: un despertar, una expansión hacia todo lo que está por florecer.

Beltane está conectado con *Belenus*, un dios solar cuya energía cálida y luminosa se invocaba a través del fuego. Las hogueras que se encendían no eran solo para iluminar la noche; eran un acto de fe y de magia, una forma de bendecir la tierra, las cosechas, a las personas y a los animales, como si el fuego llevara consigo la promesa de salud, prosperidad y fertilidad para todos los que danzaban a su alrededor.

Uno de los símbolos más icónicos de Beltane es el *Palo de Mayo*, un poste largo decorado con cintas de colores que cuelgan de la parte superior. Durante la festividad, las personas tomaban una cinta y, al ritmo de la música y las risas, danzaban y entrelazaban las cintas envolviendo el tronco en una espiral de colores. Este baile alegre y desenfrenado representa la unión de las energías masculinas y femeninas, la *danza de la fertilidad* y la interconexión de todas las fuerzas de la vida. Las cintas, como la espiral de la vida misma, simbolizan la energía creativa y la unión sagrada de todas las cosas. Danzar alrededor de este poste significaba agradecimiento y ayudaba a que la energía de Beltane bendijera a la comunidad con fertilidad, alegría y abundancia.

Tradiciones de Beltane

- Hogueras purificadoras: en la víspera de Beltane, se encendían grandes hogueras en colinas y campos. El ganado, símbolo de prosperidad, pasaba entre dos fuegos para recibir bendiciones de salud y protección. Hoy, encender una pequeña vela con la intención de soltar lo viejo y dar la bienvenida a lo nuevo puede ser un ritual poderoso.

- Saltos y danzas alrededor del fuego: danzar alrededor de la fogata es una forma de conectar con la energía vibrante y pura del sol, mientras que saltar sobre las llamas (siempre con cuidado) es una tradición para atraer buena suerte, fertilidad y amor. ¿No tienes cerca una hoguera? No te preocupes; puedes visualizar ese salto mientras piensas en cómo dejas atrás lo que ya no necesitas y te acercas a lo que deseas.

- Coronas de flores y conexión con la naturaleza: un gesto simple pero mágico. Cada flor y cada hoja que eliges y entrelazas al tejer estas coronas es una manera de honrar la belleza y la fertilidad de la tierra. Al ponértelas, llevas también un trocito de la primavera contigo, un recordatorio de que eres parte del ciclo natural.

- Decoración del hogar y el altar: una manera de invitar a la energía de la naturaleza a tu espacio es adornar tu casa o altar con flores frescas, ramas verdes y plantas como el laurel o el espino (símbolos de Beltane). No se trata solo de embellecer; cada planta y cada color son un recordatorio de que la vida está en constante renovación.

- Vestimenta blanca y colores vibrantes: ataviarse de blanco simboliza pureza y nuevos comienzos, mientras que las cintas y telas de colores brillantes representan la diversidad, la alegría y la energía fértil de la temporada. Ponte algo que te haga sentir libre, vibrante, en conexión con la luz del sol y la calidez de la tierra.

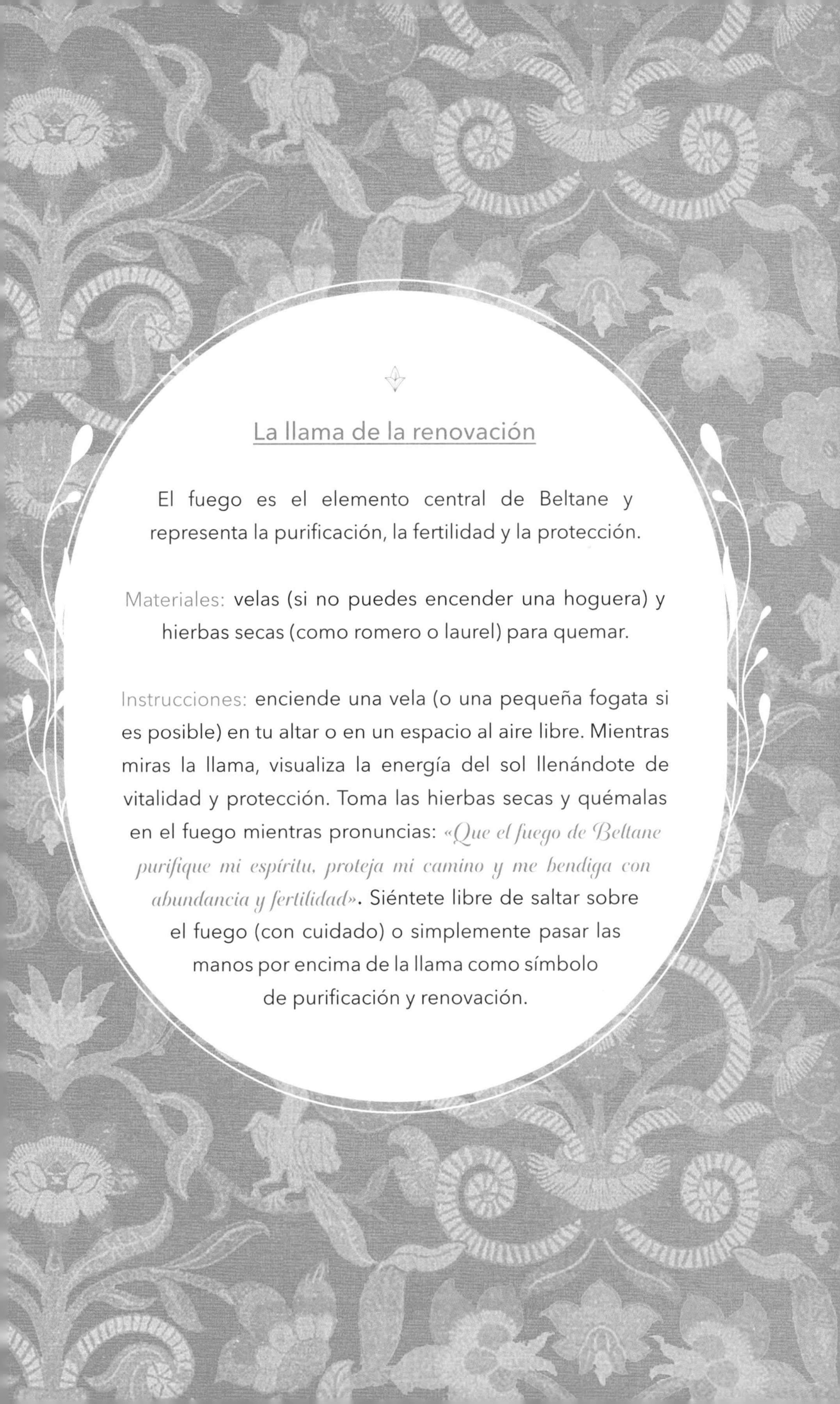

La llama de la renovación

El fuego es el elemento central de Beltane y representa la purificación, la fertilidad y la protección.

Materiales: velas (si no puedes encender una hoguera) y hierbas secas (como romero o laurel) para quemar.

Instrucciones: enciende una vela (o una pequeña fogata si es posible) en tu altar o en un espacio al aire libre. Mientras miras la llama, visualiza la energía del sol llenándote de vitalidad y protección. Toma las hierbas secas y quémalas en el fuego mientras pronuncias: *«Que el fuego de Beltane purifique mi espíritu, proteja mi camino y me bendiga con abundancia y fertilidad»*. Siéntete libre de saltar sobre el fuego (con cuidado) o simplemente pasar las manos por encima de la llama como símbolo de purificación y renovación.

LITHA

El solsticio de verano es el día más largo del año: el momento en el que el Sol, en su máximo esplendor, baña la tierra con su luz dorada, como un pequeño recordatorio de que la vida está llena de calor, abundancia y plenitud. La naturaleza estalla en colores, en fragancias, en una energía que se percibe en el aire, en la piel, en el corazón.

Pero Litha no es solo una celebración de la luz, ya que también nos avisa de que a partir de aquí, la rueda del año comienza su viaje de regreso hacia la oscuridad. En un eterno baile, la luz y la sombra se persiguen sin alcanzarse nunca del todo. Y en ese equilibrio fugaz encontramos la magia de este momento: *reconocer la belleza de la plenitud mientras aceptamos que todo cambia, que todo se transforma.*

El *fuego y el agua* se encuentran en una danza sagrada. Las hogueras arden, símbolo del Sol en su máximo poder, mientras que el agua, fresca y serena, nos invita a la purificación y al renacimiento. Esta dualidad es un reflejo de la vida misma: calor y frescura, expansión y recogimiento, luz y sombra.

Hoy en día, muchas de las tradiciones de Litha sobreviven en la *Noche de San Juan*, con las hogueras en la playa y los baños en el mar bajo la luna. Aunque el tiempo haya transformado estas celebraciones, el espíritu antiguo de la festividad sigue latiendo, escondido en cada chispa de fuego y en cada ola que toca la orilla.

Tradiciones de Litha

- Hogueras de protección: al caer la noche se encienden hogueras, que iluminan la oscuridad con su luz cálida y purificadora. Saltar sobre el fuego, o acercarse con una intención clara, es un acto simbólico de liberación y renovación. Se dice que, al saltar las llamas, dejas atrás lo que ya no necesitas y das la bienvenida a la abundancia, la vitalidad y la buena fortuna. Una simple vela encendida con conciencia puede ser igual de poderosa que una hoguera.

- Baños rituales y purificación con agua: este elemento es el otro gran protagonista de Litha. Sumergirse en el mar, en un río o incluso en un baño en casa es un acto de limpieza espiritual. Mientras el agua te toca la piel, imagina que arrastra cualquier energía estancada, dejando espacio para lo nuevo. Es un renacimiento simbólico, un recordatorio de que siempre podemos empezar de nuevo.

- Recolección de hierbas mágicas: la mañana de Litha es perfecta para recoger hierbas, ya que se cree que su energía está en su punto álgido. Plantas como el romero, la lavanda, la verbena o la milenrama se consideran bendecidas por el sol este día. Puedes usarlas para hacer amuletos, infusiones o pequeños saquitos de protección. Mientras las recolectas, da las gracias a la tierra por su generosidad.

- Conexión con seres feéricos y el mundo mágico: se dice que, durante Litha, el velo entre nuestro mundo y el reino de los seres feéricos se vuelve más fino. ¿Por qué no dejar una pequeña ofrenda de flores, frutas o miel en la naturaleza? No es un acto supersticioso, sino una forma de honrar lo invisible, de reconocer que el mundo está lleno de misterios que no siempre podemos ver, pero que podemos sentir.

- Purificación de amuletos y objetos sagrados: es el momento perfecto para limpiar y recargar los amuletos, cristales u objetos especiales. Puedes pasarlos por el humo de una hoguera o de una vela, incluso dejarlos bajo el sol del solsticio para que absorban su energía. Si prefieres el agua, sumérgelos en un cuenco con agua de mar o de manantial, visualiza cómo se purifican y se llenan de luz renovada.

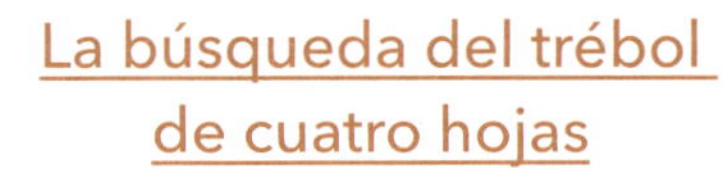

La búsqueda del trébol de cuatro hojas

Se dice que quien encuentra un *trébol de cuatro hojas* está destinado a recibir buena fortuna y prosperidad. Además de una creencia popular, es un susurro de magia, un recordatorio de que la suerte a veces se esconde en los lugares más sencillos, esperando a ser descubierta por ojos atentos y corazones abiertos.

Según la leyenda, cada hoja de este raro tesoro verde tiene un significado especial:

- *Esperanza.*
- *Fe.*
- *Amor.*

La cuarta hoja, tan rara y especial, representa la *suerte* que pocos tienen el privilegio de encontrar.

El trébol de cuatro hojas es un *talismán natural*, un regalo de la tierra que simboliza protección y abundancia. ¿Y qué mejor momento que *Litha* para salir a buscarlo? Embárcate en una caminata tranquila, sin prisas, ya sea por el campo, un jardín, o cualquier rincón donde la hierba crezca libre y salvaje.

Deja que la intuición guíe tus pasos, como si algo en tu interior supiera exactamente adónde mirar. Tal vez sientas una ligera llamada, una chispa de curiosidad… y ahí estará ese trébol con una hoja extra que parece decirte:

«Me has encontrado».

Si tienes la suerte de hallar uno, tómalo con gratitud. Es una señal, un pequeño guiño del universo. Para conservarlo como amuleto, *sécalo* entre las páginas de un libro durante unos días o colócalo bajo un peso plano para que mantenga la forma.

LUGHNASADH

El *1 de agosto* llega *Lughnasadh*, la festividad que marca el inicio de la temporada de la cosecha, cuando la tierra nos muestra generosamente los frutos de todo lo que hemos sembrado, tanto en el campo como en nuestra propia vida. El aroma del aire es de trigo dorado y de gratitud. Es una celebración vibrante, un canto de agradecimiento por la abundancia que nos rodea y por el esfuerzo que hemos hecho para llegar hasta aquí.

Esta festividad rinde homenaje a *Lugh*, el dios celta de la luz, la artesanía y la habilidad. Pero Lughnasadh también tiene un trasfondo de recuerdo y honor, ya que se dice que creó esta festividad en memoria de su madre adoptiva, *Tailtiu*, quien murió tras trabajar incansablemente limpiando las tierras de Irlanda para que pudieran ser cultivadas. Así, no se trata tan solo de una fiesta de abundancia, sino también de un reconocimiento del *sacrificio* y el legado de quienes vinieron antes: tras cada cosecha, hay una historia de esfuerzo, dedicación y amor.

Además de honrar la tierra, Lughnasadh era el tiempo de celebrar los *vínculos humanos*. Las ceremonias de unión de manos, conocidas como *handfastings*, eran comunes en esta festividad.

Imagina por ejemplo a una pareja entrelazando las manos mientras un druida ata una cinta alrededor de ellas, simbolizando su compromiso no solo entre ellos, sino también con la comunidad y con la tierra que los sostiene: la unión de dos almas que crecen juntas, al igual que las semillas que se nutren del mismo suelo.

Tradiciones de Lughnasadh

- Horneado de pan y ofrendas de abundancia: ¡siente el aroma del pan recién horneado! En Lughnasadh, hornear pan con el trigo de la cosecha era un acto sagrado, un símbolo del alimento vital que la tierra nos ofrece. No se trataba solo de comer, sino de compartirlo con la familia, los amigos y con el pueblo, como un gesto de gratitud por el esfuerzo colectivo. Puedes considerar cada paso del proceso —amasar, hornear, compartir— como un punto de conexión y agradecimiento.

- Recolección de alimentos y celebración de la cosecha: es el momento de recoger los frutos, no solo de la tierra, sino también de todo lo que has sembrado en tu vida durante el año. Sal a recolectar frutas, verduras o hierbas, aunque sea en tu propio jardín o en el mercado local, y agradece cada alimento como un regalo de la tierra y del trabajo humano que lo hizo posible. Es un recordatorio de que la abundancia no llega sola; es el resultado de un ciclo en el que todos participamos.

- Reflexión, gratitud y planificación: ¿qué has logrado este año? ¿Qué lecciones has aprendido? Agradece las bendiciones y también los desafíos porque ambos forman parte del crecimiento. Y, mientras celebras lo que has cosechado, piensa en lo que quieres sembrar para el próximo ciclo.

- Paseos por los prados y conexión con la naturaleza: caminar por el campo, sentir la tierra bajo los pies, escuchar el susurro del viento en los árboles… es una forma de conectar con lo esencial. No necesitas grandes rituales para sentir la energía de Lughnasadh; basta con estar presente. Recoge flores silvestres, crea un pequeño ramo o una corona y, mientras lo haces, piensa en todo lo que ha florecido en tu vida.

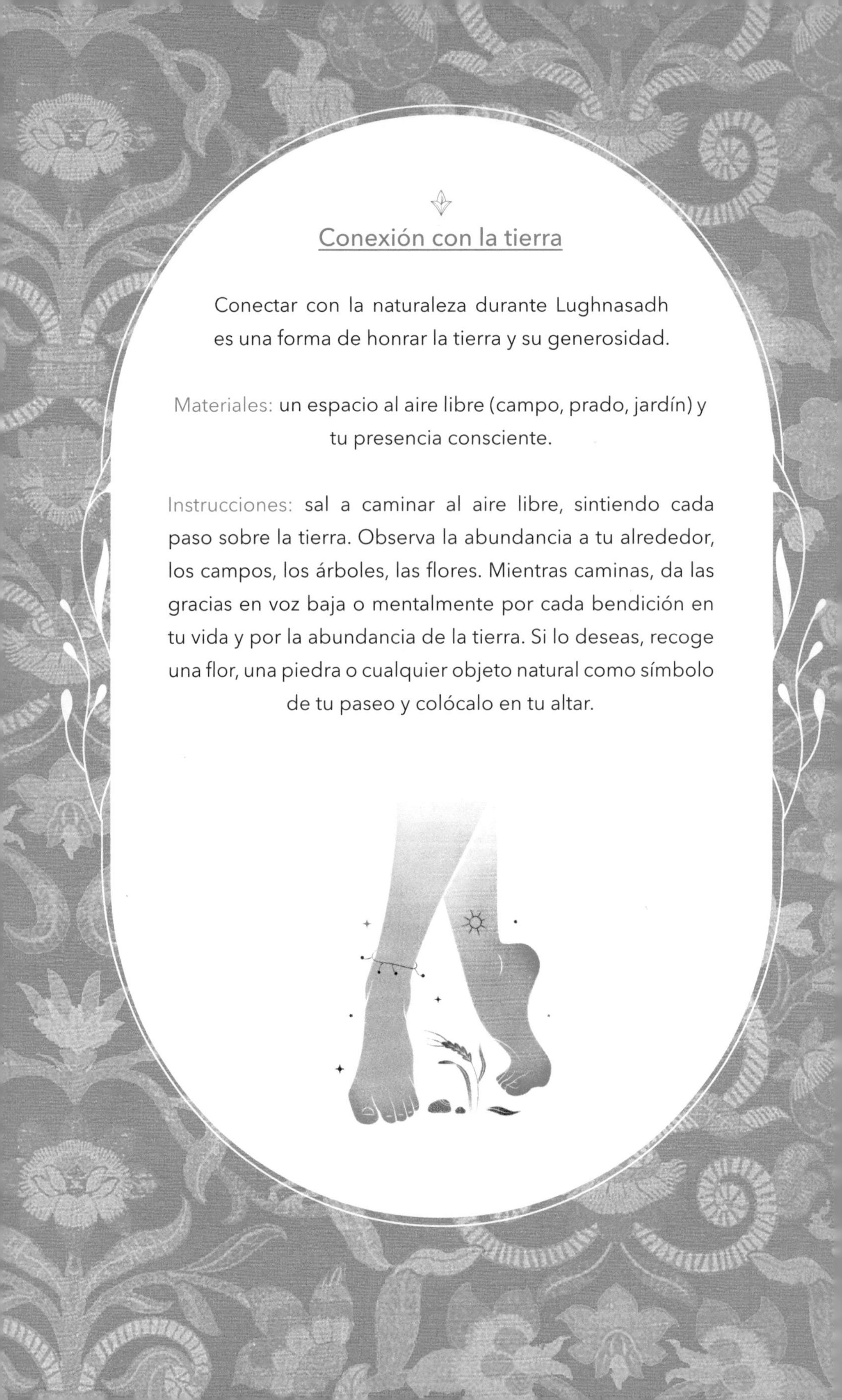

Conexión con la tierra

Conectar con la naturaleza durante Lughnasadh es una forma de honrar la tierra y su generosidad.

Materiales: un espacio al aire libre (campo, prado, jardín) y tu presencia consciente.

Instrucciones: sal a caminar al aire libre, sintiendo cada paso sobre la tierra. Observa la abundancia a tu alrededor, los campos, los árboles, las flores. Mientras caminas, da las gracias en voz baja o mentalmente por cada bendición en tu vida y por la abundancia de la tierra. Si lo deseas, recoge una flor, una piedra o cualquier objeto natural como símbolo de tu paseo y colócalo en tu altar.

MABON

El *21 de septiembre*, con la llegada del *equinoccio de otoño*, se celebra *Mabon*, cuando la naturaleza se transforma en un verdadero espectáculo de colores cálidos y dorados, un instante mágico en el que el día y la noche tienen la misma duración, un equilibrio perfecto entre la luz y la oscuridad, como si la tierra respirara hondo antes de sumergirse en el descanso del invierno.

Mabon invita a caminar entre hojas secas que crujen bajo los pies, sentir el aire fresco que anuncia el cambio, ver cómo la naturaleza suelta lo que ya no necesita y que hagas lo mismo. Es un tiempo de *transformación y reflexión*; la tierra se prepara para el letargo invernal, y se comienza a mirar hacia adentro, a cerrar ciclos, a soltar cargas.

La *cosecha llega a su fin*. No solo la de los campos, sino también la nuestra: lo que hemos sembrado durante el año, las metas que hemos alcanzado, los aprendizajes que hemos recogido. Es tiempo de agradecer la abundancia, pero también de aceptar que, para crecer, a veces hay que dejar ir. *Así como los árboles sueltan las hojas, nosotros soltamos lo que ya no nos nutre.*

Mabon nos recuerda que la oscuridad no es un enemigo, sino una parte natural del ciclo de la vida. Es en ese descenso hacia el silencio del invierno donde encontramos el espacio para renovarnos, para descansar y renacer con más fuerza.

Tradiciones de Mabon

- Pisada de uvas: imagina el jugo fresco de las uvas fluyendo entre los dedos de los pies mientras ríes con amigos o familiares. La pisada de uvas es una tradición alegre que simboliza la transformación (de la uva al vino, del esfuerzo al resultado, de la semilla al fruto) y celebra la abundancia, la alegría y la magia del cambio.

- Recolección y preparación de hierbas mágicas: es el momento perfecto para recoger hierbas como salvia, madreselva o tabaco, que se usarán en rituales de protección durante el invierno. Recoléctalas con gratitud, sintiendo que cada planta lleva consigo la energía del sol y la tierra, y guarda estas hierbas con cuidado; en los días fríos serán un recordatorio del calor y la vida que aún persisten.

- Coronas de otoño y decoración del hogar: crear coronas de otoño con ramas, hojas secas, flores marchitas y frutos es un ritual que honra el ciclo de la vida y la muerte. Si cuelgas una de estas coronas en la puerta de casa, le dices al mundo: «Aquí honramos la naturaleza, la abundancia y el cambio». Decora tu hogar con calabazas, mazorcas de maíz, manzanas… Deja que el otoño entre, no solo por la puerta, sino también en tu corazón.

- Banquetes y celebración de la cosecha: es el momento perfecto para reunirnos alrededor de una mesa, compartir alimentos de temporada y dar las gracias juntos. Manzanas jugosas, pan recién horneado, frutos secos, vino tinto… No importa el menú, sino el acto de compartir, de celebrar la abundancia que la vida nos ha dado.

- Creación de muñecos de trigo y ofrendas: los muñecos de trigo, realizados con las últimas espigas de la cosecha, son símbolos de fertilidad y prosperidad. Se bendicen y se guardan como amuletos hasta la próxima siembra. Al final del ciclo, se entierran o se queman, devolviendo la energía a la tierra, como un acto de cierre y renovación. Es un recordatorio de que nada muere completamente; todo se transforma.

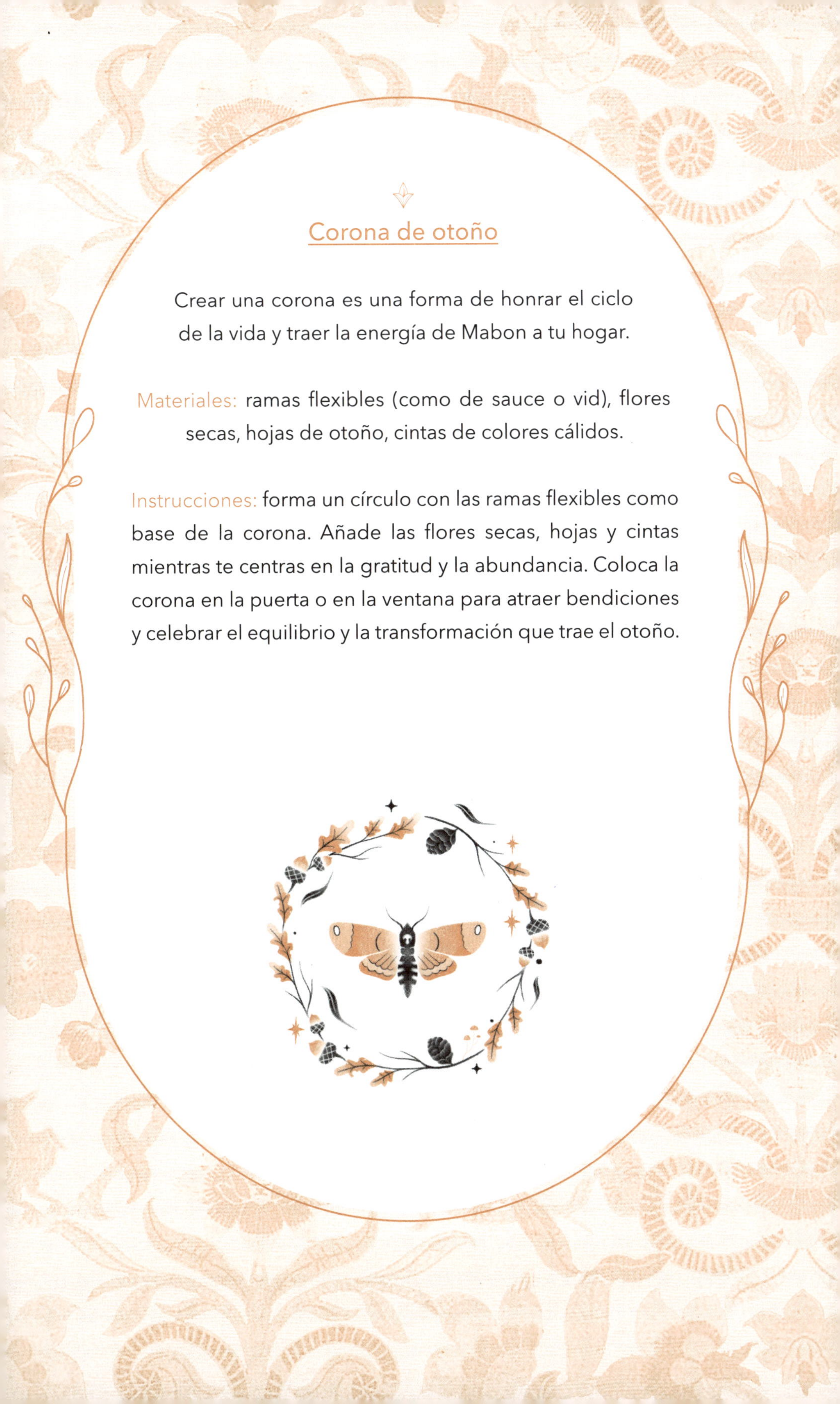

Corona de otoño

Crear una corona es una forma de honrar el ciclo de la vida y traer la energía de Mabon a tu hogar.

Materiales: ramas flexibles (como de sauce o vid), flores secas, hojas de otoño, cintas de colores cálidos.

Instrucciones: forma un círculo con las ramas flexibles como base de la corona. Añade las flores secas, hojas y cintas mientras te centras en la gratitud y la abundancia. Coloca la corona en la puerta o en la ventana para atraer bendiciones y celebrar el equilibrio y la transformación que trae el otoño.

LUNALOGÍA: EL PODER DE LA LUNA

Desde siempre, la luna ha sido nuestra compañera en la oscuridad, un faro plateado que ilumina el cielo y, a la vez, también nuestro interior. La luna no solo mueve las mareas y marca los ciclos de la naturaleza, además afecta a nuestras emociones, a nuestra energía y la forma en que nos conectamos con nosotros mismos y con el mundo.

Sus fases nos recuerdan que la vida es un ciclo constante de cambio: crecimiento, plenitud, liberación y renacimiento.

Nada permanece igual para siempre y eso está bien. Su luz va y viene, pero, incluso en su oscuridad, sigue ahí porque la ausencia de luz también tiene su propósito. Cada fase lunar nos ofrece una energía distinta, un ritmo sutil pero poderoso que podemos aprovechar para trabajar en nuestros procesos internos:

Luna nueva

Esta fase invita a la introspección, a mirar dentro de nosotros y plantar semillas de nuevos sueños y deseos. Es momento de escuchar nuestra voz interior y abrazar lo desconocido con esperanza.

Luna creciente

Perfecta para impulsar el crecimiento de nuestros proyectos e intenciones y para darle fuerza a lo que plantamos en la luna nueva.

Cuarto creciente

Tiempo de reflexión para ajustar los planes y asegurarte de que estás en sintonía con tu propósito.

Gibosa creciente

Momento de celebración, de agradecimiento por lo logrado y de liberar aquello que ya no sirve.

Luna llena

Nos anima a reflexionar y a soltar, a liberarnos de lo que ya no necesitamos y desapegarnos de lo que ha cumplido su propósito.

Gibosa menguante

Ideal para revisar lo que hemos aprendido y liberar cualquier peso emocional o energético que se haya acumulado. Hora de limpiar, física y espiritualmente.

Cuarto menguante

Nos prepara para el nuevo ciclo que vendrá. Es el momento de cuidarnos, de sanar y de prepararnos para el renacer con la próxima luna nueva.

Luna menguante

Al igual que la anterior fase, nos prepara para el nuevo ciclo y también nos invita a prepararnos para el renacer con la luna nueva.

Cuando se trabaja con la luna, es fundamental prestar atención a la fase del ciclo actual. Cada fase tiene su propio simbolismo y energía, lo que nos permite alinear nuestras intenciones y prácticas mágicas de manera consciente.

Lunas especiales:

Superluna

Se produce cuando la luna llena está más cerca de la Tierra, lo que la hace parecer más grande y brillante en el cielo. Es un momento poderoso para manifestar a lo grande, ya que cualquier intención sembrada bajo su luz (emociones, pensamientos, deseos e, incluso, rituales) se fortalecerá gracias a su energía intensa y amplificadora.

Ritual

Coloca los cristales o herramientas mágicas bajo la luz de la superluna para cargarlos y purificarlos. Aprovecha para manifestar intenciones claras y visualizar los deseos como si ya fueran una realidad.

Luna negra

Se refiere a la segunda luna nueva en un mismo mes. Su energía profunda, misteriosa e introspectiva es ideal para trabajos de sombra, transformación interna y renovación: mirar hacia dentro, explorar lo oculto y sembrar en el terreno fértil de lo desconocido.

Ritual

Escribe en un papel lo que deseas dejar atrás y quémalo. Luego, escribe una intención positiva para lo que quieres atraer y guarda el papel bajo tu almohada para que la energía de esta luna siembre la nueva semilla.

Sin embargo, el poder lunar va mucho más allá de las fases regulares; se manifiesta con una fuerza especial en ciertos momentos del año, a través de lunas especiales que despiertan energías profundas, portales para conectar con otros aspectos de nuestro ser y del universo.

Luna azul

Es la segunda luna llena en un mismo mes, un fenómeno poco común que lleva consigo una energía poderosa y vibrante. Su rareza la convierte en un momento propicio para los rituales que requieren un enfoque especial, como manifestar tus deseos profundos, conectar con tus metas a largo plazo o llevar a cabo trabajos mágicos que buscan abrir nuevos caminos.

Ritual

Realiza un baño ritual con hierbas como lavanda, romero y pétalos de rosa para purificarte y abrir tu energía a nuevas oportunidades. Al sumergirte, visualiza tu deseo y siente cómo cada célula de tu cuerpo vibra con la energía de esta luna.

Luna de sangre

Ocurre durante los eclipses lunares, cuando la Tierra se interpone entre el Sol y la Luna, tiñendo su superficie de un tono rojizo. Es un evento cargado de una energía intensa y transformadora que nos invita a cerrar ciclos y a liberar lo que ya no necesitamos, y propicia las metamorfosis personales.

Ritual

Llena un recipiente con agua y añade sal marina o hierbas como romero y salvia para purificar. Sumérgete en una meditación frente a la luna; no pasa nada si no puedes verla; solo conecta con su energía. Visualiza entonces lo que deseas soltar y, mientras colocas las manos en el agua, imagina que todo lo negativo fluye partiendo desde ti hacia el recipiente. Al terminar, vierte el agua en la tierra o en un lugar seguro, agradeciendo la renovación que has iniciado.

Lunas llenas mensuales: un viaje a través del ciclo del año

Cada luna llena del año recibe un nombre ancestral que refleja las energías y los ciclos de la naturaleza en ese momento específico. Conectar con estas lunas es sentir que su luz ilumina diferentes aspectos de nuestra vida.

Enero: luna del lobo	Nombrada así por los lobos que aullaban en las frías noches de invierno, esta luna simboliza la introspección y la fuerza del vínculo familiar. Es un buen momento para rituales de protección, para fortalecer los lazos con quienes amas y para escuchar tu propia voz interior en el silencio del invierno.

Febrero: luna de nieve	Reflejo de la quietud invernal, esta luna nos invita a hacer una pausa, reflexionar y descansar. También es un momento idóneo para la sanación emocional, para soltar lo que pesa y preparar el terreno para nuevas intenciones.

Marzo: luna del gusano	Su nombre guarda relación con el despertar de la tierra y la aparición de los primeros gusanos. Simboliza el renacer, por lo que es el momento perfecto para plantear nuevos comienzos: plantar ideas, proyectos o intenciones que crecerán con la llegada de la primavera.

Abril: luna rosa	Aunque su nombre proviene de la flor silvestre conocida como flox musgoso que florece en esta época, la luna rosa nos conecta con la belleza, el amor y la gratitud. Es perfecta para rituales que nutren el corazón (relaciones, autoestima y apreciación de la vida).
Mayo: luna de las flores	Celebrando la explosión de la naturaleza en plena floración, esta luna representa la abundancia y la fertilidad. Su energía es ideal para rituales de crecimiento personal, prosperidad y conexión con la naturaleza en su máximo esplendor.
Junio: luna de fresa	Nombrada por la temporada de cosecha de fresas, esta luna nos habla de alegría y celebración. Es un momento para disfrutar de los frutos de tu trabajo, agradecer lo que has conseguido y conectar con el placer de vivir el presente.
Julio: luna del ciervo	Durante este mes, los ciervos machos desarrollan las astas, símbolo de crecimiento y renovación. Esta luna potencia la intuición, la conexión espiritual y el trabajo de autoconocimiento, invitándote a fortalecer tu propio poder interior.
Agosto: luna del esturión	Denominada así por la abundancia de este pez en los ríos, simboliza la prosperidad y la resiliencia. Es un buen momento para rituales de manifestación y gratitud, para reconocer la abundancia en tu vida y abrirte a recibir más.

Septiembre: luna de la cosecha	Marcando el final del verano, la luna de la cosecha celebra el agradecimiento por todo lo recogido, tanto literal como simbólicamente. Es el momento perfecto para reflexionar sobre tus logros, agradecer por lo vivido y sembrar nuevas intenciones para el futuro.

Octubre: luna del cazador	Coincidiendo con la temporada de caza tradicional, esta luna está llena de energía para la preparación y la introspección. Es un momento para protegerte, para liberar lo que ya no sirve y para prepararte para la introspección del invierno.

Noviembre: luna del castor	Recibe su nombre por la intensa actividad de los castores antes del invierno. Nos invita a construir y fortalecer nuestro espacio personal, tanto físico como emocional. Es ideal para rituales de protección, estabilidad y conexión con el hogar.

Diciembre: luna fría	Esta luna nos recuerda la importancia de la reflexión y el descanso. Su energía nos invita a la introspección, a honrar los ciclos que se cierran y a establecer intenciones que nos acompañarán en el nuevo ciclo lunar.

Agua de luna: un elixir de energía

El agua de luna es mucho más que un simple líquido; es un elemento mágico que captura la esencia de este astro, infundiendo su energía en cada gota. Dependiendo de la fase lunar en la que la prepares, puede convertirse en un poderoso aliado para tus rituales, purificaciones, para cargar cristales y amuletos, potenciar intenciones e incluso, si la preparas con agua potable, puedes beberla para conectar con su vibración.

Materiales: un frasco de vidrio con tapa, agua pura (puede ser mineral, filtrada o de manantial) y un lugar seguro donde reciba la luz de la luna.

Instrucciones: limpia el frasco, no solo físicamente, sino también energéticamente. Puedes sahumarlo con incienso, palo santo o hierbas purificadoras como la salvia o el romero. Mientras lo haces, céntrate en la intención que deseas impregnar en el agua. Llena el frasco y, al hacerlo, sostenlo con ambas manos y di, ya sea en voz alta o en silencio: «Que esta agua sea bendecida por la energía de la luna y potencie mis intenciones». Después, coloca el frasco en un lugar donde pueda bañarse con la luz de la luna.

No importa si está nublado; la energía de la luna atraviesa las nubes. Deja el frasco allí durante toda la noche. Al amanecer, recógelo y ciérralo con la tapa. Antes de guardarlo, tómate un momento para agradecerle a la luna su energía.

El agua de luna es perfecta para limpiar cristales y amuletos y purificarlos. En rituales, puedes ungir velas, altares o herramientas mágicas. También es ideal para baños energéticos o para consagrar espacios, rociándola en rincones del hogar y así atraer protección. Si la has preparado con agua potable, puedes beberla conscientemente, recargándote de su energía.

CICLOS DE ENERGÍA: DÍA Y NOCHE

En la práctica mágica, comprender y trabajar con la energía del día y la noche es fundamental. Cada parte del día tiene su propia vibración, una frecuencia única que podemos aprovechar para potenciar nuestros rituales, intenciones y conexión espiritual.

LA ENERGÍA DEL DÍA

Cuando el sol ilumina el cielo, la energía la percibes *activa*, *vibrante* y *expansiva*. Es como si la luz despertara no solo a la naturaleza, sino también a nuestro cuerpo y mente. Es un momento propicio para todo lo que implique movimiento, acción y crecimiento.

- Rituales de manifestación: la luz solar simboliza la claridad, la fuerza de voluntad y el crecimiento. Es el momento perfecto para sembrar intenciones, definir metas y dar pasos concretos hacia lo que deseas. Puedes crear un pequeño altar con elementos que representen tus objetivos: una vela dorada, cuarzos solares y hierbas como el laurel o el romero. Siéntate frente a él, respira hondo y visualiza tus sueños tomando forma.

- Trabajo práctico: las horas del día están cargadas de una energía que impulsa la creatividad y la productividad, ideal para aprender algo nuevo, iniciar proyectos, organizar tu espacio o realizar tareas que requieran enfoque y disciplina. La luz del sol nos da el empuje necesario para materializar ideas y transformar la inspiración en acción.

✦ Conexiones sociales: la energía del día favorece la *comunicación* y el *intercambio*. Es un buen momento para fortalecer lazos con otros, compartir ideas, colaborar en proyectos o simplemente disfrutar de la compañía de quienes te rodean.

LA ENERGÍA DE LA NOCHE

Cuando el sol se oculta y la oscuridad envuelve el mundo, la energía cambia. La noche nos invita a mirar hacia adentro, a explorar los rincones más profundos de nuestra mente y de nuestro corazón; florecen la introspección, la intuición y la conexión con lo invisible.

✦ Rituales de liberación: la oscuridad nos da el espacio perfecto para soltar lo que ya no nos sirve. Puedes escribir en un papel aquello que deseas dejar atrás y quemarlo de forma segura, visualizando cómo el fuego transforma esas cargas en luz. La noche sostiene con suavidad esos procesos de cierre, ayudándonos a dejar ir sin resistencia.

✦ Meditación y sueños: la quietud de la noche es un portal hacia nuestra sabiduría interior. Dedica unos minutos a meditar antes de dormir o lleva un diario de sueños para registrar los mensajes que emergen mientras descansas; la noche es un espejo en el que se reflejan verdades que, en el bullicio del día, pueden pasar desapercibidas.

✦ Conexión con lo espiritual: en la oscuridad, el *velo entre los mundos* se vuelve más delgado. Es un momento sagrado para invocar a tus guías, conectar con ancestros o realizar prácticas de adivinación como la lectura de cartas, runas o el uso del péndulo. Encender una vela, trabajar con cristales como la amatista o el ópalo lunar, y dejar que el incienso eleve tus intenciones pueden crear un ambiente propicio para profundizar en tu conexión espiritual.

Practica tu magia: consejos para trabajar con las energías diurnas y nocturnas

Sintoniza tus rituales con la energía del momento:

- Si quieres dar un impulso a nuevos proyectos, trabajar en la abundancia o manifestar deseos, elige la luz del día.
- Si tu propósito es soltar, sanar o conectar con tu intuición, la noche será tu mejor aliada.

Crea rituales sencillos para cada momento:

- Por la mañana, prueba escribir afirmaciones que te inspiren o simplemente da las gracias por un nuevo día.
- Por la noche, enciende una vela, respira hondo y dedica unos minutos a sentir, reflexionar o meditar.

Escucha tu propia energía:

- Aunque estos ciclos naturales son poderosos, lo más importante es cómo resuenan contigo. Tal vez un día necesites la calma de la noche para crear o la claridad del amanecer para soltar. No hay reglas estrictas en la magia, solo la escucha atenta de tu intuición.

Fundamentos de la magia

En la práctica mágica, tú *eres el corazón de tu propio poder*, quien da forma, dirección e intención a la energía que te rodea. La magia vive en tus pensamientos, en tus emociones, en cada gesto consciente que haces. Sin embargo, hay principios fundamentales que no solo te ayudarán a canalizar la energía de forma más efectiva, sino que también te conectarán de manera más profunda con la esencia del universo y de la naturaleza.

Como brujas y brujos, somos parte de algo más grande: un ciclo eterno de vida, muerte y renacimiento, una red de fuerzas vivas que se entrelaza en todo lo que existe. Cuando nos alineamos con los ritmos de la tierra y los ciclos naturales, algo dentro de nosotros despierta. Accedemos a la sabiduría ancestral que se siente en el alma: la que siempre ha estado ahí, esperando a que recordemos.

Comprender estas energías te permitirá no solo trabajar con ellas en rituales, sino integrarlas en tu vida diaria, creando una conexión mágica y espiritual más profunda.

LOS CUATRO ELEMENTOS... ¿O CINCO?

Si hay algo que atraviesa todas las tradiciones mágicas del mundo, es la presencia de los elementos. *Tierra*, *agua*, *aire* y *fuego* no son solo símbolos bonitos para decorar altares; son fuerzas vivas que están dentro y fuera de nosotros.

Pero... ¿solo son cuatro? En realidad, hablamos de un quinto elemento: el éter o el espíritu, esa *energía intangible que lo conecta todo*, el hilo invisible que une los demás elementos, el espacio entre el latido del corazón y la respiración, lo que no se ve pero se siente.

Trabajar con los elementos no es complicado. De hecho, ya lo haces, aunque no seas consciente de ello. ¿Quieres ver cómo?

FUEGO: LA CHISPA QUE TRANSFORMA

El fuego es mucho más que una simple llama. Es pasión, transformación y vitalidad. En nuestra práctica mágica, actúa como un potente catalizador. Ese impulso que nos mueve a actuar, a manifestar nuestros deseos y a quemar lo que ya no necesitamos.

Su energía es intensa, dinámica, a veces incluso indomable, pero justamente ahí radica su poder: nos llena de coraje, despierta nuestra voluntad y nos motiva a perseguir lo que arde en el corazón.

También nos ayuda a superar obstáculos, a renacer de nuestras propias cenizas y a recordarnos que, al igual que una llama, podemos brillar incluso en la oscuridad.

Trabajar con el fuego en rituales

Para invocarlo en tus rituales, puedes utilizar velas, fogatas o incluso la llama de un incienso antes de convertirlo en humo. Al encender una vela, establece tu intención y visualiza cómo el fuego la consume, liberando tu deseo al universo. Durante rituales de transformación o purificación, el fuego puede servir para quemar objetos simbólicos, representando la liberación de lo viejo para dar paso a lo nuevo.

Ejercicios prácticos:

- Meditación con fuego: siéntate frente a una vela encendida. Concéntrate en la llama, inhala su luz y exhala cualquier tensión. Imagina que el fuego quema tus miedos y limita tus preocupaciones.
- Escritura de intención: enciende una vela y escribe sobre tus sueños y deseos. Al finalizar, quema el papel con la llama para simbolizar la entrega de tus intenciones al fuego.

TIERRA: RAÍZ, REFUGIO Y SOSTÉN

La tierra es más que el suelo que pisamos: es la base de todo lo que somos. Es el cuerpo del que venimos y al que volveremos algún día. Su energía es la de la estabilidad, la abundancia y la conexión profunda con lo real, con aquello que nos sostiene incluso cuando sentimos que todo lo demás se tambalea.

Se manifiesta en la naturaleza que nos rodea: en las montañas que resisten el paso del tiempo, en las piedras que guardan la memoria del mundo, en el suave tacto del musgo o en la calidez de la arena bajo el sol. Su energía es receptiva y nutritiva, nos enseña la importancia de la paciencia, del cuidado lento y constante que necesita una semilla para convertirse en un árbol.

Trabajar con la tierra en rituales

Puedes representarla con tierra, piedras o cristales. Al incorporar la tierra en tus rituales, estableces un fundamento sólido para tus intenciones. La tierra nos ofrece un espacio seguro para crecer, simbolizando el potencial que yace en nosotros.

Ejercicios prácticos:

- Meditación con tierra: siéntate en el suelo con la espalda recta. Cierra los ojos y respira hondo. Siente que la energía de la tierra asciende por tus piernas y te llena de estabilidad y fuerza. Permite que cualquier tensión se disuelva en el suelo, creando un vínculo profundo con tu entorno.
- Creación de un altar natural: reúne elementos naturales como hojas, flores, piedras y tierra. Organízalos en un espacio sagrado, como un altar. Cada elemento puede representar un aspecto de la abundancia y la gratitud hacia la tierra.

AGUA: FLUIR, SENTIR Y SANAR

El agua es el latido suave de la naturaleza, el susurro constante que nos recuerda que todo en la vida está en movimiento. Es el elemento de las emociones, la intuición y la adaptabilidad y está presente en ríos, en mares infinitos, en la lluvia que besa la tierra, en nuestras lágrimas… y en cada célula de nuestro cuerpo. Tiene el poder de transformarse sin perder su esencia. Puede ser un río tranquilo o una ola furiosa, una brisa de niebla o el hielo más firme. Y en eso radica su magia: en su capacidad de fluir, de adaptarse, de purificar. Su energía es receptiva y curativa, nos ayuda a conectar con nuestras emociones más profundas y a navegar los cambios que la vida nos presenta.

Trabajar con el agua en rituales

El agua no solo limpia por fuera; también limpia el alma. Nos enseña a soltar, a dejar ir lo que ya no necesitamos, para que nuevas corrientes puedan fluir.

Ejercicios prácticos:

* Meditación con la tierra: siéntate junto a un río o lago, cierra los ojos y escucha el murmullo del agua. Permite que su sonido te envuelva y lleve tus pensamientos a un estado de calma.
* Purificación con la luna: ¿recuerdas que anteriormente hemos explicado cómo preparar agua lunar? Ahora es el momento de ponerlo en práctica y conectar con este elemento.

AIRE: UN SUSURRO DE LO INVISIBLE

El aire es el aliento del mundo. Lo sentimos en cada respiración, en la brisa que nos roza la piel o en el murmullo del viento entre los árboles. Es el elemento del pensamiento, la comunicación y la libertad, el que lleva ideas, palabras e intenciones de un lugar a otro sin esfuerzo, como si la magia misma viajara en sus corrientes.

Representa la expansión, la creatividad y la inspiración. Su energía es ligera, sutil aunque poderosa, y nos invita a soltar lo que ya no necesitamos, a liberar pensamientos estancados y a abrirnos a nuevas posibilidades.

Trabajar con el aire en rituales

A través del aire, encontramos un puente entre el mundo interior y el exterior, una vía libre y sin restricciones para expresar lo que sentimos y pensamos.

Ejercicios prácticos:

- Meditación con el aire: siéntate al aire libre y cierra los ojos. Mientras sientes la caricia del viento sobre tu piel, permite que su movimiento limpie tus pensamientos y te conecte con tu ser interior.
- Ritual de burbujas: primero, llena un recipiente con agua y un poco de jabón; después, dibuja un círculo con el pulgar y el índice. Establece una intención y, mientras soplas suavemente a través del círculo, visualiza cómo cada burbuja eleva tu deseo y siente cómo fluyen tus intenciones.

ÉTER: EL HILO QUE CONECTA TODO

El éter, también conocido como «espíritu», es el quinto elemento que completa el círculo mágico de la naturaleza. Mientras que la tierra, el agua, el fuego y el aire son tangibles —puedes sentir la solidez del suelo, el frescor del agua, el calor del fuego o la caricia del viento—, el éter es algo diferente.

Es la esencia que une todo lo que existe, el «aliento de vida» que conecta lo visible con lo invisible, lo material con lo espiritual. Es la energía cósmica que nos envuelve, el espacio que parece vacío entre las cosas, pero que está lleno de una vibración sagrada; la chispa que habita en cada ser, en cada átomo, en cada rincón del universo.

Imagina la naturaleza como un gran círculo de energía: la tierra sostiene, el agua fluye, el fuego transforma y el aire mueve. Y en el centro de ese círculo, como un corazón que late en silencio, está el éter, manteniendo el equilibrio, el ritmo, la conexión.

¿Cómo se manifiesta el éter?

A diferencia de los otros elementos, el éter no tiene una forma definida. No lo puedes ver ni tocar, pero sí sentirlo si prestas atención:

- Es ese silencio cargado de significado que sientes en un lugar sagrado.
- Es la vibración sutil que te recorre la piel durante una meditación profunda.
- Es esa sensación de conexión inexplicable cuando miras las estrellas o sientes que formas parte de algo más grande.

Ejercicios prácticos:

- Meditación y conexión espiritual: dirígete al bosque, campo, playa o cualquier lugar que te mantenga en conexión directa con la tierra. Siéntate en el suelo, cierra los ojos y visualiza cómo todos los elementos fluyen juntos en una danza constante de energía. Respira profundamente y siente cómo el éter se mueve a través de ti, como si fuera un susurro suave que te conecta con el universo.
- Invocación del éter en rituales: cuando inicies un ritual, tómate un momento para sentir el espacio que estás creando. Imagina la energía del éter como una suave brisa que envuelve el círculo que has trazado, protegiendo y potenciando tu intención.
- Visualización del éter como luz brillante: una práctica simple pero poderosa es visualizar una luz blanca brillante (o cualquier otro color que resuene contigo) envolviendo el espacio en el que te encuentras. Siente cómo esa luz purifica y unifica todas las energías a tu alrededor.

LA ENERGÍA MASCULINA Y FEMENINA: EL EQUILIBRIO DE LAS FUERZAS INTERNAS

La energía masculina y femenina son dos fuerzas esenciales que existen en todas las cosas y en cada uno de nosotros. No se trata de géneros, sino de cualidades y características que se manifiestan de distintas maneras en la naturaleza, en nuestras emociones y en nuestras acciones. Cuando están en armonía, ambas energías nos permiten encontrar equilibrio y plenitud en nuestras vidas.

Tampoco están limitadas a una identidad específica; todos las llevamos dentro en diferentes proporciones y, a veces, una puede predominar sobre la otra, y eso está bien. Lo importante es reconocer cómo se manifiestan en nuestro día a día y aprender a equilibrarlas para vivir de forma más consciente y en sintonía con nosotros mismos.

ENERGÍA MASCULINA: ACCIÓN, DIRECCIÓN Y FUERZA

La energía masculina está asociada con la acción, la lógica y la determinación. Es esa chispa que nos impulsa a tomar decisiones, enfrentar desafíos y avanzar con claridad. Nos ayuda a establecer metas, así como a enfocarnos en nuestros objetivos y a actuar con valentía.

Cuando esta energía está equilibrada, nos sentimos motivados, seguros de lo que queremos lograr y capaces de tomar decisiones con confianza.

Es la fuerza que nos empuja a pasar de la idea a la acción, a movernos en dirección a nuestros sueños de manera efectiva.

- Ejemplo de equilibrio masculino: una persona con energía masculina equilibrada tiene iniciativa, es capaz de organizar su tiempo, se siente segura al expresar sus ideas y puede tomar decisiones con claridad. Actúa con propósito y sabe cuándo es el momento adecuado para actuar y alcanzar sus metas.

- Ejemplo de desequilibrio masculino: cuando predomina en exceso, puede manifestarse como impaciencia, rigidez, necesidad de control o competitividad desmedida. La persona puede sentir que siempre está «empujando» para obtener resultados, lo que genera estrés y agotamiento. Por otro lado, la falta de energía masculina puede llevar a la indecisión y a la procrastinación en lugar de concretar objetivos o materializar ideas.

Practica tu magia

Realiza una actividad que te conecte con tu fuerza y movimiento (por ejemplo, caminar a paso rápido, practicar yoga dinámico o cualquier deporte que te active). Establece una pequeña meta diaria y toma medidas inmediatas para cumplirla. No tiene que tratarse de algo grande: organizar tu espacio de trabajo, completar una tarea pendiente o dar el primer paso en un proyecto son gestos simples que fortalecen tu energía masculina.

ENERGÍA FEMENINA: INTUICIÓN, RECEPTIVIDAD Y CREATIVIDAD

La energía femenina se relaciona con la intuición, la receptividad y la creatividad. Es la que nos conecta con nuestras emociones y con el mundo que nos rodea. Nos invita a escuchar, a nutrirnos y a ser conscientes de lo que sentimos y de cómo nos relacionamos con los demás.

Esta energía nos permite fluir con la vida, ser compasivos y abrirnos a nuevas posibilidades. Cuando está equilibrada, somos capaces de sentir y expresar nuestras emociones con autenticidad, conectarnos desde el corazón y encontrar soluciones creativas a los desafíos.

- Ejemplo de equilibrio femenino: una persona con energía femenina equilibrada está en sintonía con sus emociones, tiene la capacidad de ser empática con los demás y sabe adaptarse con flexibilidad a los cambios. Se siente cómoda tanto recibiendo como dando y reconoce cuándo es el momento de detenerse, reflexionar y cuidar de sí misma.

- Ejemplo de desequilibrio femenino: el desequilibrio de esta energía se puede percibir, en algunos casos, como una tendencia a poner siempre a los demás por delante, en la dificultad para poner límites o en una sensibilidad emocional que, si no se gestiona, puede llevar al agotamiento. Asimismo, una desconexión con esta energía puede hacer que nos resulte más difícil abrirnos emocionalmente, confiar en los demás o dar espacio a la inspiración. Ninguno de estos estados es bueno o malo: simplemente son señales que nos invitan a reconectar y a escucharnos con más atención.

Practica tu magia

Dedica unos minutos al día a la meditación o la contemplación tranquila. No necesitas nada más que cerrar los ojos y conectar con tu respiración. Permítete sentir tus emociones sin juzgarlas y escucha lo que tu intuición quiere decirte.

Otra práctica poderosa es crear algo de forma espontánea: dibujar, escribir, cantar, tocar un instrumento... ¡Cualquier actividad que te permita expresarte libremente y conectar con tu lado más creativo!

EL EQUILIBRIO Y LA POLARIDAD INTERNA: CULTIVANDO LA ARMONÍA ENTRE ENERGÍAS

Todos llevamos dentro ambas energías y en diferentes momentos de la vida podemos necesitar sintonizarnos más con una que con la otra. El equilibrio no significa que deban estar presentes en la misma medida todo el tiempo, sino que *se complementen de manera armoniosa*.

Imagina que la energía masculina es el río que marca un curso claro y la energía femenina, el agua que fluye dentro de él. Sin el cauce, el agua se desborda; sin el agua, el cauce está seco. Juntas crean un flujo poderoso y equilibrado. Encontrar ese equilibrio es un proceso continuo de autoobservación y ajuste.

Algunas preguntas que puedes hacerte para identificar cómo están estas energías en tu vida son:

- ¿Me siento más cómodo tomando decisiones rápidas o escuchando mi intuición?
- ¿Tiendo a actuar de inmediato o a reflexionar antes de hacerlo?
- ¿Sé cuándo es el momento de soltar el control y cuándo debo dar un paso al frente?

No se trata de tener respuestas perfectas, sino de *reconocer tus propios ciclos y necesidades*. Aprender a armonizar estas fuerzas internas te llevará a un incremento bienestar, donde podrás sentirte en paz contigo y con el mundo que te rodea.

EL PODER DE LAS PLANTAS

Las plantas han sido aliadas esenciales para quienes buscan conectar con la naturaleza y su energía sagrada. A lo largo de la historia, han acompañado a ***brujas, sabios y guardianes*** de la tierra en sus ***rituales, sanaciones y prácticas espirituales***. Con su energía vital y propiedades únicas, actúan como herramientas poderosas en la magia cotidiana.

La magia verde se basa en esa profunda conexión con el mundo natural, en la certeza de que cada ***hoja, flor o raíz*** contiene una vibración especial que puede ayudar a ***canalizar intenciones, manifestar deseos y promover la sanación***. No es solo cuestión de usarlas, sino de honrar su esencia, así como de reconocer su sabiduría y crear un vínculo auténtico con ellas. Cada planta tiene su propio carácter, una energía particular que podemos invocar y canalizar en los rituales. ¿Cómo pueden acompañarte en tu propio camino? Te lo comparto a continuación.

PROPIEDADES MÁGICAS DE LAS PLANTAS

Albahaca: amor, prosperidad y éxito

Si quieres potenciar la energía positiva, prueba a añadir hojas frescas de albahaca a baños rituales o incluso a comidas. Además, colocarla en tu billetera es un pequeño ritual de prosperidad.

Romero: protección, claridad y conexión con la intuición

Ideal para aquellos rituales que requieren enfoque, claridad mental y protección. Por ejemplo, puedes preparar infusiones que te ayuden a mejorar la concentración o quemar un manojo seco si quieres purificar tu hogar y liberar energías densas. Si lo que quieres es fortalecer la intuición o recordar sueños, prueba a colocarlo bajo la almohada.

Salvia: limpieza energética y protección

Utilizar el humo de esta planta pasándolo alrededor de tu cuerpo o por tu casa, de forma previa a cualquier ritual, es una manera poderosa de crear un espacio sagrado. Deja que tu esencia te envuelva y sentirás cómo las vibraciones no deseadas se disipan.

Laurel: protección, triunfo y claridad

Escribe un deseo o una intención en una de sus hojas y quémala con gratitud para enviar ese mensaje al universo. También puedes colocarlo en tu altar o llevar una hoja en el bolsillo como amuleto protector. ¿Necesitas tomar decisiones importantes? ¡Quémalo en tus rituales! Es una buena forma de despejar la mente y abrir caminos.

Lavanda: calma, paz y protección

Si quieres tener sueños reparadores, coloca un poco de esta planta bajo tu almohada; si lo que buscas es relajarte después de un día ajetreado, puedes usarla en infusiones o incluso darte un baño con lavanda. También es ideal para los rituales que tengan que ver con el amor propio y la paz interior.

Ruda: protección y purificación

Llevar una pequeña ramita contigo actúa como un escudo protector. En rituales de limpieza, puedes preparar baños de ruda o colocarla en la entrada de casa para mantener alejadas las malas vibraciones.

Sándalo: serenidad y conexión espiritual

Quemar sándalo en forma de incienso durante tus rituales o meditaciones ayuda a crear un ambiente de calma y concentración, ideal para trabajos de sanación o desarrollo espiritual.

Manzanilla: calma y protección

Una infusión de sus flores antes de dormir ayuda a calmar la mente y a liberar tensiones emocionales. Añadir flores secas de manzanilla a un baño ritual tiene un efecto purificador, tanto para el cuerpo como para el espíritu, dejándote con una sensación de paz y renovación.

Eucalipto: limpieza energética y protección

Colocar ramas frescas en casa o quemar sus hojas como sahumerio renueva el ambiente y facilita la claridad mental. Cuando sientas que necesitas liberarte de cargas emocionales o energéticas, puedes usarlo en baños de purificación.

Tomillo: valor y protección

Puedes llevarlo contigo como un pequeño amuleto o preparar infusiones para fortalecer tu energía personal y renovar la confianza en ti. El tomillo también es útil para proteger tu hogar si lo colocas cerca de las ventanas o de las puertas.

Clavo: protección y purificación

Usado en sahumerios, su aroma limpia profundamente el ambiente de cualquier energía estancada. Puedes colocarlo en saquitos (junto con más hierbas protectoras) y llevarlo contigo o situarlo en algunos rincones de tu hogar para mantener la armonía de tu hogar.

Rosa: amor y conexión con el corazón

Añadir pétalos de rosa a un baño es un ritual sencillo para estimular el amor propio y la paz interior. Las rosas rojas invitan al amor apasionado, mientras que las blancas aportan pureza y calma: puedes secar sus pétalos y usarlos en saquitos para así atraer esas energías amorosas y armónicas.

Practica tu magia: crea tu jardín mágico

Crear un jardín mágico es mucho más que plantar hierbas o flores; es un acto de conexión, un ritual en sí mismo, en el que cada semilla que siembras también planta una intención en tu corazón. No necesitas disponer de un gran espacio ni conocimientos previos. Un pequeño rincón con luz es suficiente para empezar.

1. Elige plantas que resuenen contigo y con lo que deseas manifestar. No hay una lista correcta, solo escucha tu intuición. Tal vez sientas la llamada de la lavanda para atraer calma y serenidad, del romero para la protección o de las rosas para invitar al amor en todas sus formas. Cada planta tiene su propia esencia y sabiduría y será tu aliada si te preparas para escucharla.
2. Cuando plantes, hazlo con intención. Mientras colocas cada semilla o brote en la tierra, visualiza aquello que deseas atraer a tu vida. Puedes susurrar palabras de gratitud o simplemente sentir el latido de la tierra en tus manos. Al sembrar también estás plantando una promesa: un compromiso contigo y con la naturaleza.
3. Las plantas sienten tu atención y, en ese intercambio sutil, crece un vínculo sagrado. Cuidarlas es, en realidad, una forma de cuidarte a ti mismo. Por eso, no riegues de manera automática; mejor reserva este momento para darles las gracias, para hablarles, acariciar sus hojas o simplemente observarlas en silencio.
4. Y hablando de gratitud, cosecha con respeto. Antes de cortar una hoja o una flor, acaricia la planta, conéctate con su energía y agradécele su generosidad. Este gesto sencillo fortalece el lazo mágico que compartes con tu jardín.
5. Puedes crear diferentes rincones en tu jardín con propósitos específicos: un espacio de protección con romero y ruda, un rincón de amor con albahaca y lavanda, o un altar verde dedicado a la paz, decorado con piedras, conchas o símbolos que te inspiren. Tu jardín es tu reflejo, un espacio sagrado que crece en armonía contigo. A medida que florezca, también lo harás tú, trayendo un pedacito de tu magia personal al día a día.

Rituales con plantas: conexión con la naturaleza

Infusiones: elige hierbas que resuenen con tu intención (romero para la claridad mental, albahaca para el amor, manzanilla para la calma…). Mientras calientas el agua, cierra los ojos y visualiza lo que deseas manifestar. Al verterla sobre las hierbas, imagina que esa energía despierta, llenando la infusión con tu propósito. Cuando la bebas, siente cómo la esencia de la planta se integra en ti y te guía hacia tu intención.

Sahumerios: quemar hierbas sagradas es un ritual de purificación que limpia no solo los espacios, sino también tu propia energía. Coloca las hierbas secas en un cuenco resistente al calor o en un atado para sahumar. Mientras el humo asciende, imagina que disuelve cualquier energía estancada o negativa, dejando espacio para nuevas oportunidades y para lo que está por venir.

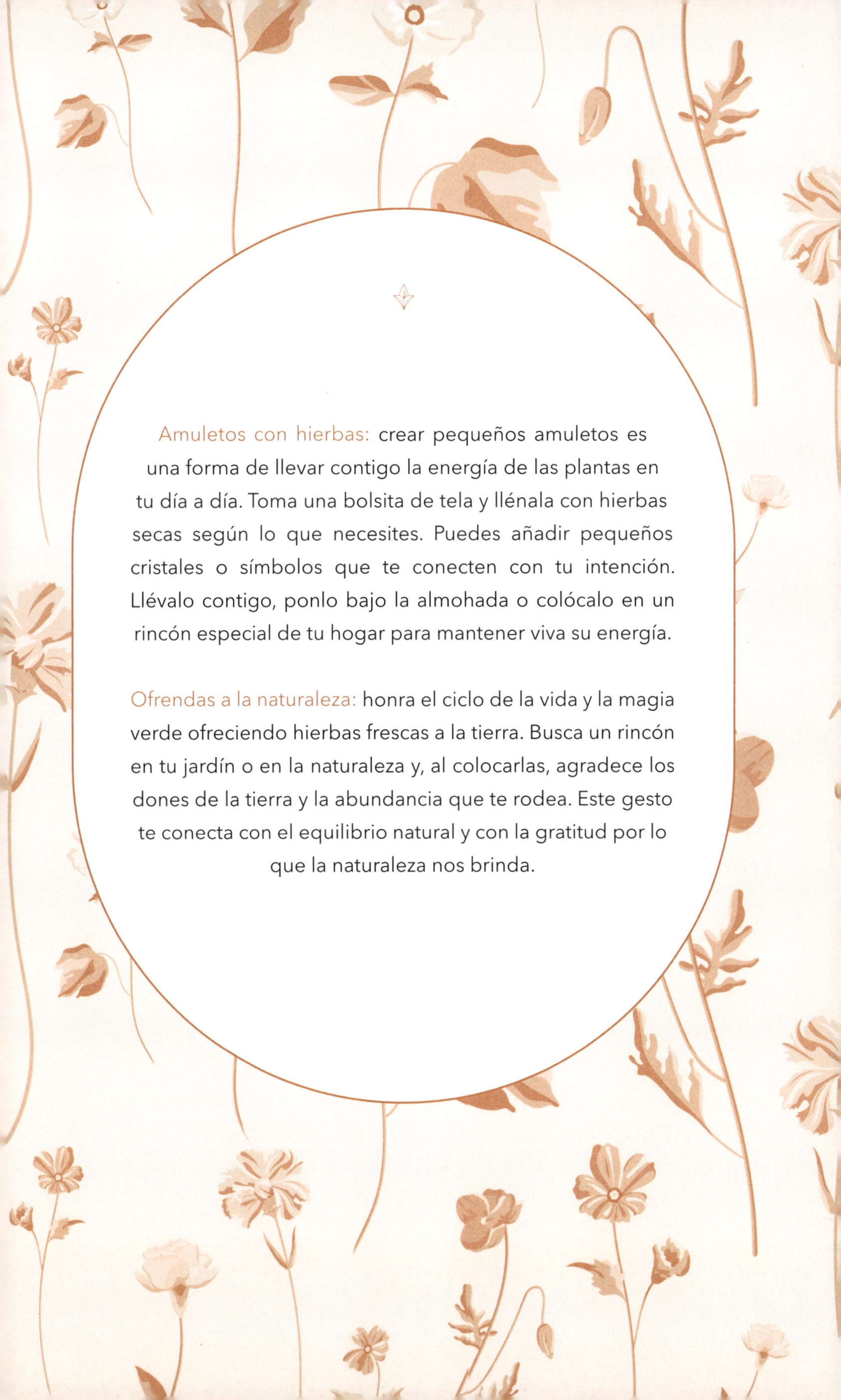

Amuletos con hierbas: crear pequeños amuletos es una forma de llevar contigo la energía de las plantas en tu día a día. Toma una bolsita de tela y llénala con hierbas secas según lo que necesites. Puedes añadir pequeños cristales o símbolos que te conecten con tu intención. Llévalo contigo, ponlo bajo la almohada o colócalo en un rincón especial de tu hogar para mantener viva su energía.

Ofrendas a la naturaleza: honra el ciclo de la vida y la magia verde ofreciendo hierbas frescas a la tierra. Busca un rincón en tu jardín o en la naturaleza y, al colocarlas, agradece los dones de la tierra y la abundancia que te rodea. Este gesto te conecta con el equilibrio natural y con la gratitud por lo que la naturaleza nos brinda.

EL PODER DE LOS MINERALES

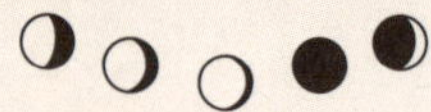

Los minerales y los cristales son auténticos aliados en la práctica mágica, pequeños fragmentos de la tierra que guardan en su interior la memoria de millones de años. Son compañeros energéticos que ayudan a canalizar intenciones, equilibrar emociones y conectar con el universo. Desde tiempos antiguos, han sido valorados no solo por su belleza, sino por la vibración única que emiten y su capacidad para potenciar el trabajo espiritual y personal.

¡Atención, teoría esencial!

Aunque hablemos de energía, magia o vibraciones, hay algo fascinante detrás del poder de los cristales: su base científica. Su capacidad tanto para almacenar como para transmitir y amplificar energía es un fenómeno que la ciencia ha demostrado de formas sorprendentes.

Un claro ejemplo es el cuarzo, compuesto principalmente por dióxido de silicio (SiO_2). Tiene una estructura molecular tan estable que se considera piezoeléctrico, lo que significa que puede generar una pequeña carga eléctrica cuando se le aplica presión. Gracias a esta propiedad, el cuarzo se utiliza en tecnologías modernas como relojes, ordenadores y radios para regular frecuencias y mantener la precisión. Increíble, ¿verdad? Un simple cristal sostiene el tiempo en un reloj y regula la energía con una exactitud asombrosa.

Aquí es donde *la ciencia y la espiritualidad se encuentran*. La piezoelectricidad nos da una pista: si un cristal puede generar energía al interactuar con él físicamente, ¿qué ocurre cuando lo hacemos a nivel más sutil, con la mente, las emociones o una intención?

Cuando sostienes un cristal, meditas con él o lo colocas sobre tu cuerpo, se produce un intercambio energético. Su estructura atómica perfecta emite una frecuencia vibratoria constante. En términos espirituales, esto significa que el cristal puede influir en tu propio campo energético, ayudándote a armonizarlo y equilibrarlo, como si al vibrar el cristal ajustara la frecuencia de todo lo que lo rodea, incluso tu propia energía.

Tanto el cuerpo humano como los cristales emiten *frecuencias electromagnéticas*. La diferencia está en que nuestras vibraciones cambian constantemente debido a factores emocionales, físicos y mentales. Los cristales, en cambio, mantienen una frecuencia estable, funcionan como un ancla vibracional.

Cuando interactúas con uno, se produce un fenómeno conocido como resonancia, que ocurre cuando dos sistemas vibran en sintonía. En este caso, el cristal ayuda a que la energía se afine, restaurando el equilibrio interno. Es como si el cristal dijera: «Aquí está la calma. Aquí está el centro».

PROPIEDADES MÁGICAS DE LOS MINERALES

Piedra luna: conexión emocional y apertura espiritual

Un cristal que vibra con las fases de la luna y las emociones más profundas. Favorece la conexión con lo intuitivo, los sueños y la energía receptiva. Es ideal para trabajos relacionados con lo femenino, la fertilidad, el amor y la protección en los inicios. Colócala bajo la almohada o en tu altar cuando trabajes con intenciones de apertura emocional o claridad espiritual.

Cuarzo cristal: amplificación y claridad

Conocido como el «maestro sanador», el cuarzo cristal es perfecto para potenciar cualquier intención. Su energía pura amplifica pensamientos, emociones y propósitos. Colócalo en tu espacio de meditación o llévalo contigo para mantener la mente clara y enfocada.

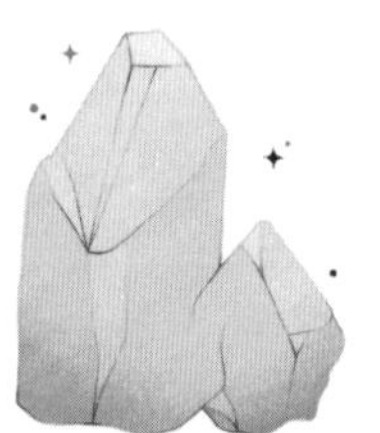

Cuarzo rosa: amor incondicional y sanación emocional

Irradia una energía suave que promueve el amor propio, la compasión y la sanación del corazón. Es ideal para trabajar en la autoestima o para atraer relaciones armoniosas. Llévalo cerca del corazón o colócalo en tu dormitorio para crear un ambiente de paz y ternura.

Obsidiana: protección y liberación

Refleja lo que necesitamos ver para sanar. Es una piedra de protección poderosa que ayuda a liberar bloqueos emocionales y a cortar lazos energéticos innecesarios. Ideal para rituales de limpieza o para mantenerla cerca cuando sientas que necesitas un escudo protector.

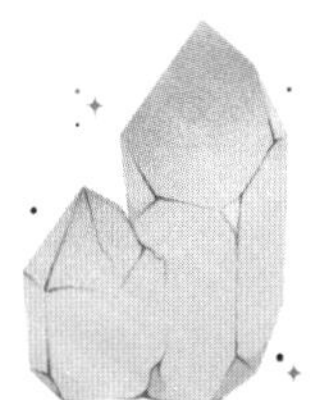

Citrino: abundancia y energía positiva

Conocido como la «piedra de la prosperidad». Su energía solar atrae éxito, alegría y confianza en uno mismo. Colócalo en tu lugar de trabajo o en tu cartera para activar la abundancia y mantener una actitud optimista frente a la vida.

Pirita: manifestación y motivación

Irradia energía de éxito y vitalidad. Ayuda a mantener el enfoque en los objetivos, despertando la motivación y la creatividad. Colócala en tu altar o llévala contigo cuando necesites un impulso de energía y determinación.

Amatista: calma y transmutación

Un ancla para la paz interior. Favorece la meditación, la conexión espiritual y la claridad mental. Colócala debajo de la almohada para un sueño reparador o sostenla en la mano durante la meditación para calmar la mente y el corazón.

La labradorita es una herramienta esencial en mi práctica mágica

Labradorita: intuición y expansión psíquica

Cristal especial para quienes buscan profundizar en su intuición y expandir la percepción. Sus colores iridiscentes revelan la magia oculta que contiene; es ideal para rituales de autoconocimiento y exploración psíquica. Llevarla contigo estimula la creatividad, pero también puede ser tu compañera si deseas indagar en la conexión con otros planos, como los viajes astrales o la exploración de sueños lúcidos.

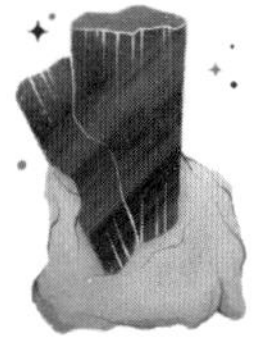

Turmalina negra: protección y conexión a tierra

Un ancla a la tierra, ideal para protegerse de energías densas o negativas. Absorbe y disipa las energías no deseadas, creando un campo de estabilidad a tu alrededor. Llévala contigo o colócala en las esquinas de tu hogar para mantener un ambiente equilibrado.

Selenita: claridad y purificación

Se utiliza para limpiar otros cristales, espacios y el aura personal, ya que canaliza la luz y la paz. Puedes pasar por tu cuerpo o tu hogar una varita de este mineral para así liberar la energía estancada y aumentar la claridad espiritual.

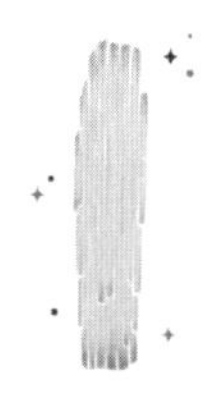

Ojo de tigre: confianza y protección

Talismán de fuerza personal y coraje, protege contra influencias externas y ayuda a equilibrar la energía y a tomar decisiones con confianza. Llévalo contigo cuando necesites mantenerte firme en tus convicciones y superar tus miedos.

Ópalo: intuición y transformación

El ópalo es como un espejo que refleja las emociones más profundas. Conectado con el agua y con lo lunar, su energía es cambiante, sensible e intuitiva. Es una piedra que potencia la creatividad, despierta el deseo de transformación y ayuda a revelar lo que a veces cuesta ver.

Dato curioso: no debe confundirse con la opalina, una piedra de aspecto similar pero de origen artificial. Aunque es visualmente atractiva por sus reflejos, no posee las propiedades energéticas del ópalo natural, pero sí puede tener un valor simbólico y energético. La opalina evoca calma, claridad mental y equilibrio emocional. Muchas personas la usan como un ancla simbólica para trabajar la autoexpresión tranquila y la conexión con lo espiritual desde la suavidad. Si se carga con intención, puede ser una compañera útil para meditar, calmar pensamientos o acompañar procesos de sanación interior.

Sodalita: Claridad mental y voz interior

Una piedra que equilibra lo racional con lo intuitivo. Ayuda a calmar la mente, favorece la comunicación y fortalece la autoconfianza. Úsala cuando necesites claridad mental o para trabajar la expresión personal desde un lugar auténtico. Puede acompañarte especialmente bien en procesos de escritura, estudio o meditación guiada.

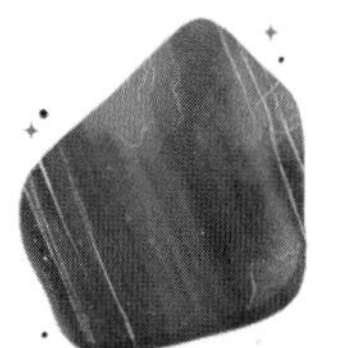

Hematita: protección, firmeza y presencia

Cuando todo está revuelto, la hematita te devuelve al centro. Tiene una energía firme que ancla, protege y refuerza. Es ideal para limpiar el campo áurico de energías densas y volver al equilibrio cuando sentimos que todo nos sobrepasa. Muy útil en rituales de protección y cuando necesitamos volver al cuerpo.

Jaspe rojo: activación y poder interior

Una piedra con una vibración cálida y terrenal que despierta la motivación, el coraje y la determinación. Estimula el *chakra* raíz y favorece la conexión con el aquí y el ahora. Ideal para rituales de fuerza personal, para superar momentos de estancamiento y también para reforzar nuestras habilidades psíquicas más intuitivas cuando están adormecidas.

La limpieza y activación de los cristales son pasos esenciales para mantener su energía pura, alineada y lista para acompañarte en rituales o prácticas diarias. Al estar en contacto con nosotros y con el entorno, los cristales absorben diferentes vibraciones, tanto positivas como negativas, de los lugares y las personas con las que interactúan (son esponjas energéticas). Por eso, limpiarlos regularmente es fundamental para que conserven su fuerza y pureza. Además, activarlos después de la limpieza les permite vibrar en armonía con la energía personal.

¿Cómo limpiar los cristales?

Existen diferentes métodos para limpiar los cristales y la elección dependerá tanto del tipo de cristal como de la conexión personal que establezcas con cada uno.

Sahumo

Una de las formas más tradicionales y efectivas. Utiliza hierbas como salvia, romero o ruda y deja que el humo envuelva cada piedra mientras visualizas cómo se disipan las energías densas, como si el humo actuase como una suave brisa que barre cualquier carga no deseada, dejando el interior del cristal renovado y brillante. Este método es ideal para todo tipo de cristales, especialmente aquellos que son delicados o no deben entrar en contacto con el agua.

Agua

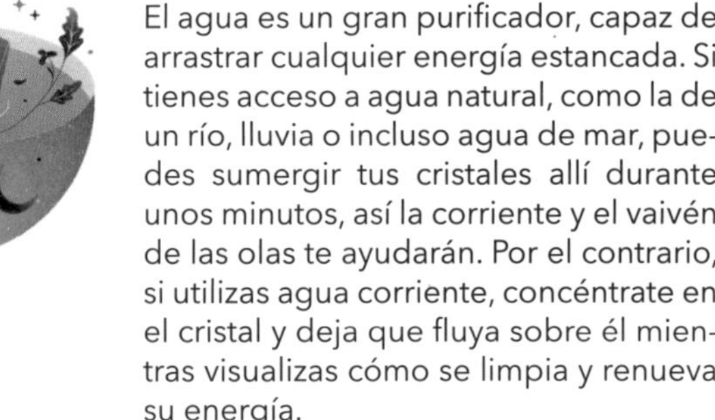

El agua es un gran purificador, capaz de arrastrar cualquier energía estancada. Si tienes acceso a agua natural, como la de un río, lluvia o incluso agua de mar, puedes sumergir tus cristales allí durante unos minutos, así la corriente y el vaivén de las olas te ayudarán. Por el contrario, si utilizas agua corriente, concéntrate en el cristal y deja que fluya sobre él mientras visualizas cómo se limpia y renueva su energía.

Precaución: no todos los cristales son aptos para el agua. Por ello, asegúrate de conocer bien las características de tu cristal antes de elegir este método. Por ejemplo, la selenita es soluble y puede dañarse con el contacto prolongado.

Sal

La sal marina es otro recurso poderoso para limpiar cristales, capaz de absorber las energías acumuladas, dejándolos limpios y listos para recargarse. Puedes llenar un cuenco y enterrarlos durante varias horas o incluso toda la noche. Después, deséchala porque habrá absorbido esas energías no deseadas.

Precaución: algunos cristales, como la pirita o aquellos con componentes metálicos, pueden dañarse si están en contacto directo con la sal. Si tienes dudas, opta por otro método o coloca un paño fino entre la sal y el cristal.

¿Cómo cargar los cristales?

Una vez que has limpiado los cristales, es importante recargarlos para que recuperen su energía y puedas alinearlos con tus intenciones. Existen varias maneras de hacerlo; lo fundamental es que elijas el método que mejor resuene contigo y con el cristal en cuestión.

Energía solar

La energía solar aporta fuerza y claridad a los cristales. Colocarlos bajo la luz del sol es una forma poderosa de recargarlos, en especial los que trabajan con energías de vitalidad y acción, como el citrino o el ojo de tigre. Sin embargo, algunos cristales, como la amatista o el cuarzo rosa, pueden perder intensidad en su color si se exponen demasiado tiempo al sol (lo ideal es dejarlos durante un par de horas y luego guardarlos en un lugar seguro).

Energía lunar

La luz de la luna, sobre todo durante la luna llena, es ideal para cargar cristales vinculados con la intuición, la sanación emocional y el crecimiento espiritual. Coloca tus cristales en un lugar donde puedan recibir la luz lunar, como una ventana o al aire libre, y permite que absorban su energía suave y transformadora. Este método es perfecto para piedras como la amatista, el cuarzo rosa o la selenita.

Intención

La herramienta más poderosa que tienes para activar un cristal es la intención. Sostén el cristal, cierra los ojos y concéntrate en la energía que deseas infundirle (puede ser amor, protección, abundancia o sanación). Después, visualiza cómo esa energía fluye desde tu corazón hacia el cristal, llenándolo de luz y propósito. Recuerda que el verdadero poder no reside en el cristal en sí, sino en la intención consciente que le das.

Frecuencias

Otra forma efectiva de activar y elevar la vibración de los cristales es el sonido. Para generar ondas sonoras que envuelvan el cristal, puedes utilizar cuencos tibetanos, campanas, diapasones o incluso tu propia voz. Deja que las vibraciones penetren en la piedra, liberando cualquier energía estancada y despertando su potencial. Escuchar el sonido mientras sientes el cristal en tus manos puede ser una experiencia catártica.

LOS COLORES EN LA MAGIA

En la magia, los colores no son solo representaciones visuales; son vibraciones vivas que interactúan con nuestro campo energético y el entorno que nos rodea. Cada color posee una energía única y poderosa que puede potenciar intenciones y fortalecer rituales. Al trabajar conscientemente con ellos, puedes alinear tu práctica con las vibraciones específicas que necesitas, dirigiendo la energía de manera más efectiva y atrayendo los resultados que deseas.

Blanco	El color de la purificación, la protección y el equilibrio. Se utiliza para limpiar energías densas y en rituales de sanación. Por ejemplo, una vela blanca puede servir para reforzar cualquier intención positiva, actuando como un comodín que reemplaza cualquier otro color si no lo tienes a mano.
Negro	Asociado con la protección y el destierro de energías indeseadas, es útil para eliminar obstáculos, cerrar ciclos y crear un escudo protector alrededor de tu espacio o de ti. Las velas negras también son poderosas para trabajos de transformación profunda.
Morado	Conecta con la intuición, la meditación y el crecimiento espiritual, por lo que es ideal para rituales de autoconocimiento. Puedes potenciar su energía combinándolo con cristales como la amatista, altavoces de la conexión espiritual y la transformación.
Rojo	Pura energía, pasión y acción, se relaciona con el amor, el coraje y el éxito. Si buscas atraer fuerza vital, aumentar la confianza o encender la chispa del deseo, este color es ideal. Prueba a combinar velas rojas con aceites esenciales de canela si deseas intensificar tu intención.

Rosa

Se vincula con el amor propio, la dulzura y las relaciones afectivas. Es perfecto para trabajos que buscan suavizar situaciones, fomentar la armonía emocional o fortalecer lazos familiares. Las velas rosas, acompañadas de pétalos de rosa, potencian la ternura y la sanación del corazón.

Verde

Representa la abundancia, la prosperidad y el crecimiento. Es ideal para rituales relacionados con el éxito financiero, la salud y el equilibrio personal. Encender una vela verde es un acto de manifestación, perfecto para atraer oportunidades y cultivar intenciones de crecimiento.

Amarillo

El color de la mente activa, la claridad mental y la creatividad. Fomenta el aprendizaje, la comunicación y la inspiración. Úsalo en rituales que requieran optimismo y expansión de ideas, combinándolo con cristales como el citrino para potenciar así el enfoque y la motivación.

Naranja

Activa la pasión, la motivación y la energía creativa. Su energía cálida despierta el movimiento y la acción, por lo que es ideal para rituales que buscan romper con la apatía, impulsar cambios rápidos o atraer entusiasmo hacia nuevos proyectos.

Azul

Vinculado a la tranquilidad, la paz interior y la comunicación efectiva, se trata de un color sanador, enfocado a resolver conflictos, fomentar la serenidad y trabajar con la introspección. Puedes acompañar tus rituales con agua o cristales como la selenita para potenciar su energía calmante.

Dorado

Simboliza la abundancia, el éxito y la expansión. El dorado se asocia con la energía solar y es ideal para rituales de prosperidad y logros materiales. Las velas doradas amplifican cualquier intención de riqueza y elevación espiritual, ya que es un color poderoso para manifestaciones rápidas.

Plateado

Refleja la energía de la luna, la intuición y la conexión con lo divino. Es un color ideal para trabajos de sueños, visiones y sanación emocional. Úsalo en rituales que busquen claridad espiritual, especialmente en momentos de autodescubrimiento o cuando necesites apoyo en tu crecimiento interno.

Practica tu magia

- Al incorporar estos colores en tus rituales, puedes usarlos en velas, vestimenta, decoraciones o incluso en tu altar.
- También puedes visualizarlos en meditaciones, imaginando su energía fluyendo hacia ti y nutriendo tu práctica mágica.
- Recuerda que la magia es profundamente personal. Si en algún momento sientes que un color resuena contigo más allá de su significado tradicional, confía en tu intuición. La clave está en conectar con lo que sientes y en cómo puede acompañarte en tu propio viaje mágico esa vibración.

LA VARITA Y EL BASTÓN: CONDUCTORES DE PODER

La *varita* es ese hilo invisible que conecta al practicante con el universo. Como si fuera una antena mágica, capta, canaliza y proyecta la intención, abriendo caminos que no se ven, pero se perciben. Es una extensión de tu voluntad que señala, dirige y también marca el sendero sagrado. Con el tiempo, la varita se convierte en tu compañera (impregnada de tu esencia e historia) y tu voz dentro del lenguaje de la magia, un vínculo tan sagrado como íntimo.

- Trazar círculos sagrados: al comenzar un ritual, la varita se convierte en el pincel con el que dibujas un espacio sagrado en el aire. Con ella trazas un círculo invisible, una frontera que separa lo mundano de lo mágico. Ese círculo no es solo una línea imaginaria; es un anillo de protección, un umbral entre mundos donde todo es posible. Dentro de ese espacio estás en un lugar suspendido entre lo visible y lo invisible, un refugio seguro donde tu energía puede fluir libremente.

- Dirigir energía: la varita es un canal, un conducto que dirige la energía desde tu interior hacia el universo. Imagina cómo la energía nace en tu corazón, fluye por tu brazo, te atraviesa la mano y encuentra su camino a través de la varita, que la enfoca y la proyecta hacia donde desees.

Ya sea para atraer amor, proteger, sanar o transformar, esta herramienta te ayuda a enviar tu intención con precisión y fuerza, como un rayo de luz que atraviesa el velo de lo visible.

- Canalizar y manifestar intenciones: sostener la varita es más que un gesto físico; es un acto de comunión con su esencia. Al tomarla entre las manos, tu energía se entrelaza con la suya y crea un puente entre tus pensamientos, emociones y el mundo natural. En ese instante, la varita y tú os convertís en uno solo, canalizando el flujo de la naturaleza hacia la manifestación de tus deseos. Su presencia te ayuda a concentrarte, a mantener tu mente enfocada y tu corazón alineado con aquello que deseas crear.

Cuando uses la varita, hazlo con la certeza de que *es una extensión de ti*. No necesitas fuerza, sino conexión. Siente cómo responde a tu energía, cómo vibra con tu propósito. Es como pintar en el aire: cada movimiento tiene un significado, cada gesto lleva una intención. La varita es tu herramienta, pero la magia siempre está en ti.

El *bastón* es la versión más imponente y potente de la varita. Es el guardián del mago, su protector y su compañero en viajes rituales. Mientras que la varita actúa con precisión y ligereza, el bastón es una herramienta de autoridad y poder terrenal, un vínculo con las fuerzas de la naturaleza. Suele ser más largo que el brazo del practicante y su presencia anuncia la llegada del poder al espacio ritual.

- Anunciar la presencia del mago o bruja: cuando el bastón toca la tierra, es como si su dueño hablara a través de él. Es un símbolo de poder y se usa para marcar la llegada a un espacio sagrado o para abrir un camino ritual.

- Conexión con la tierra y el cielo: al ser más largo que la varita, el bastón conecta tanto con el cielo como con la tierra. Se utiliza en rituales que buscan equilibrar energías, pedir la bendición de los elementos o establecer comunicación entre mundos. Cuando se eleva al cielo, puede canalizar la energía celeste y, cuando se clava en la tierra, conecta con la fuerza de lo profundo.

- Espantar energías no deseadas: durante los rituales, puede ser usado para marcar los límites del espacio sagrado y protegerlo de energías intrusas. Moviéndolo hacia afuera, como si se «barriera» el aire, se ahuyentan las energías no deseadas y se purifica el ambiente.

Practica tu magia: cómo usar la varita y el bastón

Estos instrumentos tienen que usarse con intención y respeto. Imagina que son extensiones de tu cuerpo y de tu ser y, cuando traces un círculo con ellos, visualiza un hilo de luz que se desenrolla desde tu corazón, pasa por tus manos y se proyecta hacia la herramienta que sostienes, marcando el límite sagrado que separa lo mundano de lo mágico. Al invocar a los elementos, lleva la varita o el bastón hacia el cielo, la tierra y las direcciones cardinales, como si llamaras a antiguas fuerzas con un susurro secreto.

Para dirigir la energía hacia un amuleto, una vela o incluso otra persona, apunta la varita o bastón directamente hacia él. Siente cómo la energía fluye por tu cuerpo y sale por el extremo de la herramienta, como un rayo de luz que ilumina y manifiesta tu intención.

La varita y el bastón se convierten en puentes hacia el mundo espiritual que afinan tus sentidos y abren caminos de comunicación con los espíritus, los elementos y las fuerzas sagradas.

La varita también es una guía para recibir mensajes del otro lado. Si buscas respuestas, sostenla en tus manos y deja que tu cuerpo se mueva libremente. Después, traza con ella símbolos, palabras o formas (sobre la tierra o cualquier otra superficie) y deja que tu intuición guíe el movimiento. No pienses, solo siente. Observa los patrones que se formen y no te preocupes si al principio no entiendes lo que estás dibujando; los significados llegarán cuando deban llegar. Como velos que se levantan poco a poco, los símbolos se revelarán y te mostrarán lo que el mundo espiritual desea comunicarte.

Maderas tradicionales

Avellano: asociado con la sabiduría y la inspiración divina. Ideal para adivinación, búsqueda de conocimiento y conexión con los reinos espirituales. Es una madera ligera y flexible, lo que la hace perfecta para trabajos rápidos y ágiles.

Roble: un árbol fuerte, protector y poderoso. Ideal para trabajos de protección, justicia y estabilidad. El roble otorga fuerza a su portador y es una madera excelente para rituales de conexión con la naturaleza y la energía masculina.

Saúco: una madera mística y poderosa, vinculada con la transformación, la muerte y el renacimiento. Es un excelente conductor de energía para trabajos de cambio, ruptura de patrones y contacto con el mundo espiritual. Sin embargo, debe ser usado con respeto, ya que su energía puede ser intensa.

Fresno: una madera equilibrada y versátil vinculada con la sabiduría cósmica y la conexión con diferentes planos. Ideal para la sanación, protección y trabajos con los elementos, especialmente el agua. Se considera una madera que equilibra energías.

Sauce: conocido por su conexión con la luna y las emociones. Es una madera ideal para trabajos de intuición, sanación emocional, sueños y magia lunar. La flexibilidad del sauce lo convierte en un buen conductor para hechizos que requieren adaptación y fluidez.

Abedul: representa nuevos comienzos, pureza y renacimiento. Ideal para rituales de limpieza, purificación y protección del hogar. Su corteza blanca y ligera hace que cualquier herramienta hecha con esta madera sea portadora de una energía refrescante y renovadora.

LA DAGA: FILO DE VOLUNTAD Y PROTECCIÓN

La *daga* es el filo que corta lo invisible, una extensión de tu voluntad y de tu esencia. No es un arma en el sentido tradicional; es decir, su poder no está en dañar, sino en separar, trazar límites y dirigir la energía con precisión. Es la guardiana silenciosa de tus rituales, la que sostiene el espacio sagrado y mantiene a raya lo que no debe estar.

Desde tiempos antiguos, ha sido la compañera fiel de brujos, sabios y chamanes. Su metal, ya sea hierro, cobre o bronce, vibra con la energía del mundo espiritual. Pero, más allá del material, lo que importa es la intención que pones en ella. Esta herramienta no solo canaliza poder, sino que también actúa como un escudo que corta lazos innecesarios y libera lo que ya no te sirve.

Practica tu magia: cómo usar la daga

Esta arma simboliza la voluntad de transformación. Es esa herramienta que te ayuda a abrir caminos en lo invisible, a marcar fronteras energéticas y a enfocar tu intención con claridad. No hay una sola forma de usarla, pero siempre debe hacerse con respeto y conciencia.

Para que se convierta en un verdadero canal de poder, es importante consagrarla. Pásala por el fuego para despertar su energía, sumérgela en agua para limpiarla, tócala con la tierra para enraizarla y deja que el humo de un sahumerio la atraviese para que respire. Con cada uno de estos elementos, la daga dejará de ser solo un objeto y se transformará en una extensión viva de tu energía.

En rituales, puedes usarla para trazar círculos sagrados, marcar runas en la tierra o incluso dibujar símbolos en el aire. Su filo no corta materia, corta energía. Cada movimiento es una declaración de intenciones.

Lo que la hace tu protectora y aliada es la conexión que creas con ella, el vínculo que se teje entre tu energía y la suya. Es una herramienta que no solo dirige el poder, sino que también te lo devuelve a ti mismo, recordándote que la verdadera magia está en tu voluntad.

EL CALDERO: ÚTERO DE CREACIÓN

Mucho más que un simple recipiente, el *caldero* es el símbolo de la creación, el vientre de la diosa, un crisol donde la vida, la muerte y el renacimiento se encuentran.

Es el lugar donde los elementos se mezclan, donde la magia se cocina y se libera, donde las intenciones se transforman en poder.

El caldero es un espacio sagrado, una puerta directa a los secretos del universo. En la magia ancestral, siempre ha sido el corazón del ritual, el centro donde los sueños toman forma y las energías se combinan para dar vida a lo que deseamos.

Tradicionalmente se forja en hierro o cobre, su forma circular nos recuerda el ciclo eterno de la naturaleza: la vida que nace, muere y renace en un ritmo que nunca se detiene.

Este instrumento contiene el poder de la transformación. Cuando lo llenas de agua pura, se convierte en un espejo que refleja no solo tu rostro, sino también los mensajes del mundo invisible; cuando enciendes un fuego en su interior, las llamas arden para quemar lo que necesitas soltar, liberando lo viejo para hacer espacio a lo nuevo.

Es el recipiente donde se mezclan hierbas, se preparan pociones y se consagran intenciones; donde lo que parece insignificante se transforma en algo grande y poderoso.

Practica tu magia: cómo usar el caldero

Acércate a él como quien se acerca a un pozo de sueños. Coloca las manos sobre sus bordes, siente su forma circular, como si en su interior girara el mismo flujo de la vida. Si enciendes un fuego dentro, observa cómo las llamas bailan contigo, reflejando tu energía. Si lo llenas de agua, mírate en su superficie y deja que la luna (o tu propia intuición) te devuelva la mirada.

No es solo un recipiente; es el umbral hacia el misterio, un espacio sagrado donde tus deseos toman forma y la vida siempre encuentra la manera de renovarse.

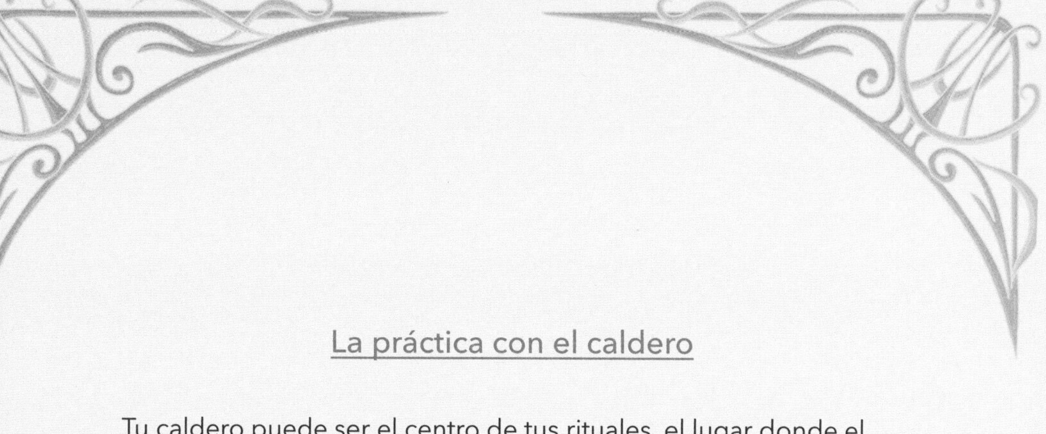

La práctica con el caldero

Tu caldero puede ser el centro de tus rituales, el lugar donde el poder se encuentra con la intención. Úsalo de muchas formas, como lo harían los sabios de la antigüedad:

Cocina magia: llénalo con agua, vino o hierbas, y ponlo al calor de las brasas. Cada burbuja que sube a la superficie es un latido de energía, un eco de tu intención mezclándose con los elementos. Las pociones, infusiones y brebajes que prepares dentro del caldero llevarán la esencia de tu voluntad y del poder de la tierra.

Quema y transforma: si necesitas liberar algo, escribe en un papel lo que quieres dejar atrás –miedos, viejas heridas, patrones– y préndelo dentro del caldero. Observa cómo el fuego devora tus ataduras y siente cómo las cenizas que quedan se convierten en el suelo fértil para nuevos comienzos.

Espejo de aguas profundas: para la adivinación, llénalo con agua limpia y colócalo a la luz de la luna o a la tenue llama de una vela. Observa la superficie y deja que las imágenes se formen. Lo que veas no será solo un reflejo: será un mensaje de lo oculto.

LA ESCOBA: GUARDIANA Y PROTECTORA

La *escoba* no es solo un objeto cotidiano. En el mundo de la magia, es una herramienta sagrada, un símbolo de protección y purificación que trasciende lo físico. También es la guardiana de los espacios sagrados, el puente que conecta lo terrenal con lo espiritual. Humilde en apariencia, pero poderosa en esencia, es capaz de despejar no solo el polvo visible, sino también las energías estancadas que a veces se quedan atrapadas en el aire, en las paredes, en las personas.

En la brujería tradicional, su barrido va más allá de lo que los ojos pueden ver: se trata de limpiar el alma del espacio. Cada movimiento es un acto simbólico, una especie de danza silenciosa que disipa las sombras y abre el camino para que la energía fluya con libertad. Imagina que, al pasarla suavemente por el aire o sobre la tierra, estás barriendo las preocupaciones, las malas vibraciones, los restos de emociones que ya no sirven.

Materiales y propósitos

Cada escoba es única, ya que nace de la intención de quien la crea; es decir, el propósito que le das la convierte en un guardián. Elegir el tipo de madera es un acto mágico en sí mismo. Su palo central suele ser de un árbol con poder: escucha cuál resuena contigo y te llama, pues su esencia vivirá en tu escoba.

Las cerdas, hechas de materiales naturales como brezo, sorgo o maíz seco representan la conexión con la tierra y el aire. Cada brizna tiene su propia historia y energía y, al moverse, despierta el susurro de lo invisible, como si pudiera barrer no solo el polvo, sino también los pensamientos que se quedan atrapados en los rincones del alma.

Practica tu magia: cómo usar la escoba

No necesitas grandes rituales para activarla; basta con que la tomes, le hables, le pongas intención. Con cada movimiento, recuerda que liberas, proteges y, sobre todo, honras el poder que vive en lo simple. Porque la magia está justo ahí, en lo que parece cotidiano.

LA CAMPANA: VOZ DEL ESPÍRITU

La *campana* es la voz que despierta lo dormido, un eco sagrado que atraviesa los mundos visibles e invisibles, purificando y armonizando todo a su paso. Su sonido no es solo vibración, sino un llamado que se extiende como ondas en el agua, una invitación a los espíritus, un saludo a los elementos y una señal para liberar la energía estancada.

Cada timbre resuena en el aire como un susurro antiguo, abriendo puertas que conectan lo terrenal con lo sagrado.

En los rituales, su sonido marca dos momentos importantes: el inicio y el final, como si sus notas fuesen llaves invisibles que abren y cierran portales entre mundos. Su claridad acaba con densidad del ambiente como un rayo de luz que disipa las sombras y deja un espacio limpio, vibrante, listo para que la energía fluya libremente. Esta herramienta es la guardiana de los umbrales, la que consagra el espacio con solo un toque, purificando incluso después de que el sonido desaparezca.

Las campanas suelen estar fabricadas con metales como el bronce o el cobre, materiales que les otorgan una vibración pura y penetrante, capaz de elevar la energía del lugar donde resuenan. En algunas tradiciones también se usan cascabeles o campanas de viento. Cada campana tiene una voz única; encontrar la tuya es cuestión de intuición: su sonido debe resonar contigo.

Practica tu magia: cómo usar la campana

Era tradición colgar pequeñas campanas en las puertas de los hogares, no solo a nivel decorativo, sino como guardianas del umbral. Su tintineo ligero, provocado por el movimiento de la puerta o el soplo del viento, servía para alejar energías negativas y mantener el espacio protegido. Cada vez que sonaban, purificaban el ambiente.

Durante los rituales, la campana es una llamada a lo sagrado. Su sonido despierta la atención de los espíritus, convoca a los elementos y marca el paso del tiempo ritual. Al tocarla al inicio de un rito, abres un portal invisible; su eco es la señal de que el espacio ha cambiado, de que ahora estás en un lugar sagrado. Al finalizar, su sonido cierra el círculo, despide a las energías invocadas y devuelve el equilibrio.

EL ESPEJO: VENTANA A LO INVISIBLE

Portal lleno de misterio y poder, la superficie del *espejo* refleja más que una imagen: muestra lo que somos por dentro, conectándonos con nuestro mundo interior y con lo sagrado que nos rodea. En la práctica mágica, el espejo es un puente entre lo visible y lo invisible, una herramienta capaz de abrir caminos hacia dimensiones ocultas y protegernos devolviendo las energías no deseadas a su origen.

Desde tiempos antiguos, los espejos han acompañado a quienes buscan respuestas y autoconocimiento. En su reflejo se esconden verdades que a menudo pasamos por alto en la rutina diaria. Pero, cuando consagras un espejo con intención, deja de ser un simple objeto para convertirse en un aliado poderoso: puede ayudarte a enfocar tus intenciones, proteger tu espacio o transformar la energía que te rodea. Su magia es tan profunda como tu capacidad de conectar con él.

Practica tu magia: cómo usar el espejo

- Reflejo del alma: siéntate en silencio frente a un espejo y observa tu reflejo, no solo para verte, sino para encontrarte. Mírate directamente a los ojos, respira hondo y deja que surjan emociones, pensamientos o imágenes. Es un ejercicio de conexión contigo, una forma de explorar lo que a veces queda oculto.
- Amplificador de intenciones: en rituales de manifestación, el espejo puede duplicar la energía de tus deseos. Para ello, escribe tu intención en un papel y colócalo frente al espejo, mientras visualizas cómo esa energía se refleja y se expande hacia el universo, potenciando su poder para materializarse.
- Escudo protector: colocado cerca de la entrada de tu casa, con el lado reflectante hacia afuera, el espejo actúa como un guardián silencioso: un filtro que evita cualquier energía negativa que intente entrar.
- Adivinación y visiones: los espejos oscuros, como los de obsidiana, son perfectos para explorar lo invisible. Con una vela encendida, en un ambiente tenue, observa cómo su superficie se transforma en un portal para la adivinación que permite que símbolos o imágenes aparezcan, trayendo mensajes desde lo más profundo de tu conciencia o del mundo espiritual.
- Purificación energética: también puede limpiar energías densas. Para conseguirlo, pásalo suavemente sobre tu cuerpo o por un espacio que sientas cargado. Luego, límpialo con agua de luna o una infusión de hierbas purificadoras para liberar las vibraciones absorbidas.

LAS PLUMAS: SUSURROS DEL ESPÍRITU

Las *plumas* están profundamente conectadas con el elemento aire y poseen la capacidad de mover y equilibrar energías a su alrededor. Encontrarte con una en un lugar inesperado puede ser una señal especial, un mensaje del universo, de tus guías espirituales, ancestros o deidades, que te recuerda que no estás solo.

El mensaje puede variar según el color de la pluma o el ave de la que provenga, y cada detalle aporta un significado único.

Si encuentras una, recógela con cuidado, llévala contigo y tómate un momento para reflexionar. Puedes meditar sosteniéndola entre las manos, cerrar los ojos y sentir su energía. Quizá el mensaje no sea esclarecedor de inmediato, pero si prestas atención, las respuestas llegarán con el tiempo. A veces, las señales más simples son las que más nos transforman.

- Amarillas: alerta, recuerda tu alegría, no te dejes marchitar
- Blancas: protección, purificación, señal de ancestro
- Grises: llamado de retornar a la paz y momento de transición
- Naranja: anima a escuchar tu voz interior
- Naranja: anima a escuchar tu voz interior
- Marrones: conexión con el hogar, energía de respeto y equilibrio
- Moradas: profunda espiritualidad, transmutación de energía negativa
- Rojas: fuerza vital, estabilidad y fuerza
- Rosas: recordatorio de amor incondicional de tus guías

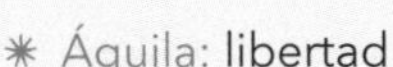

- ✷ Águila: libertad
- ✷ Búho: sabiduría, protección e intuición
- ✷ Cuervo: momento de eliminar viejos pensamientos
- ✷ Gallo: posible aviso de energía negativa
- ✷ Gaviota: proximidad de un viaje o movimiento, avances
- ✷ Halcón: protección
- ✷ Paloma: paz y serenidad
- ✷ Pavo real: buena suerte, belleza
- ✷ Petirrojo: fertilidad, nuevos comienzos
- ✷ Urraca: espíritu de la comunicación

Practica tu magia: cómo usar las plumas

Las plumas no solo traen mensajes, sino que también son poderosas herramientas que puedes integrar en tu práctica diaria. Úsalas para dirigir el humo de inciensos en limpiezas energéticas y también como amuletos de protección o adornos en tu altar que representen tus intenciones. Puedes colgarlas en puertas o ventanas para mantener la energía del espacio ligera y armoniosa, o llevar una contigo para sentirte acompañado y protegido.

Cada vez que trabajes con una, honra su simbolismo y la conexión con el espíritu que te la ha ofrecido. Su presencia nunca es casual; es un puente entre lo visible y lo invisible, un recordatorio sutil de que la magia y el misterio están siempre cerca, tan solo esperando que estemos atentos para escuchar sus susurros en el viento.

EL USO DE LAS HERRAMIENTAS

Antes de incorporar cualquier herramienta en tu práctica mágica, es fundamental dedicar un momento a limpiarla y consagrarla, así no solo eliminarás las energías que pueda haber acumulado, sino que también crearás un vínculo entre la herramienta, los elementos y tú, alineándola con tus intenciones. Es como despertar su esencia dormida para que esté lista para acompañarte en tus rituales y actos mágicos.

LIMPIEZA ENERGÉTICA

La limpieza no es solo un acto físico, es un reinicio energético. Se trata de liberar la herramienta de cualquier vibración previa que pueda interferir con su propósito mágico, dejándola como un lienzo en blanco para recibir tu energía.

- Agua de luna o infusiones de hierbas purificadoras: puedes usar ruda, romero o lavanda para limpiar. Si prefieres, pasa la herramienta por el humo de salvia, incienso o palo santo. Si es un objeto delicado, como cristales sensibles o metales que se oxidan, elige un método suave para protegerlo.

- El poder de la visualización: mientras limpias, imagina cómo las energías antiguas se disuelven, como si el agua, el humo o la luz eliminaran cualquier rastro del pasado. Visualiza el objeto volviéndose más brillante, ligero, listo para absorber tu intención.

CONSAGRACIÓN CON LOS CUATRO ELEMENTOS

Una vez que la herramienta está limpia, el siguiente paso es consagrarla. Este acto es un puente entre el objeto y el mundo natural, uniendo su energía con la tuya y la de los cuatro elementos. Aquí no hay reglas rígidas; lo importante es la intención con la que lo hagas.

- Tierra: coloca la herramienta sobre tierra, sal o incluso un puñado de hierbas secas. Esto la ancla, conectándola con la estabilidad y la fuerza de la tierra.
- Agua: rocíala con agua de luna o agua purificada. Este gesto simboliza la limpieza emocional y la capacidad de adaptación.
- Fuego: pasa la herramienta brevemente cerca de la llama de una vela. No necesitas acercarla demasiado; basta con que sienta el calor para absorber la vitalidad del fuego.
- Aire: deja que el humo de un incienso envuelva la herramienta. Esto la conecta con el pensamiento, la claridad y el mundo espiritual.

Este sencillo acto de consagración refuerza tu vínculo con los ciclos naturales y los elementos, recordándote que tu magia está entrelazada con las fuerzas del universo.

INTENCIÓN: LA CLAVE DE TODO

La intención es el alma de tu práctica mágica. Sin ella, incluso la herramienta más hermosa o poderosa carece de significado. Es tu energía, tu enfoque y tu propósito lo que transforma un objeto en un aliado mágico.

- Conecta con tu herramienta: sostenla entre tus manos, cierra los ojos y respira hondo. Siente su peso, su textura, su energía. Imagina que hay un hilo invisible que une tu corazón con ella.

- Visualiza su propósito: ¿será una herramienta de protección, un canal para manifestar deseos, un guardián para tu altar? Visualiza una luz que fluye desde tu interior hacia el objeto, llenándolo de claridad y propósito.

- Habla con ella: no tengas miedo de susurrarle o decir en voz alta para qué la consagras. No importa si te parece un gesto simbólico; lo simbólico es el lenguaje de la magia. Nombrar las cosas les da poder.

¿CÓMO ELEGIR TUS HERRAMIENTAS?

Elegir las herramientas para tu práctica mágica no es una cuestión de estética; es un acto de conexión, de escuchar esa voz interna que te susurra: «esto es para ti». No necesitas objetos caros ni elaborados. La magia no está en lo que brilla por fuera, sino en lo que despierta dentro de ti.

La verdadera magia nace de la relación que creas con cada herramienta, del vínculo que forjas con su energía y de cómo esa conexión la sientes tan natural como respirar.

No hay reglas estrictas para esto. A veces, la herramienta perfecta no es la que esperabas, sino la que simplemente te encuentra. Una piedra en el camino, una rama caída en un bosque, un objeto olvidado que, de repente, parece mirarte de vuelta. Lo sabrás porque sentirás un pequeño cosquilleo, una certeza suave que no necesita explicaciones.

Consejos para elegir herramientas

- Escucha tu intuición: si al ver o sostener un objeto sientes una especie de clic interno, como si siempre hubiera estado esperándote, confía en eso. La intuición rara vez se equivoca. No busques razones lógicas; la magia no las necesita.

- Conexión con la naturaleza: si puedes recolectar tus herramientas en la naturaleza, hazlo con respeto. Camina sin prisa, deja que sea el bosque, el río o el viento quienes te guíen. A veces, una simple piedra o una pluma encontrada en el momento justo lleva consigo más poder que cualquier objeto comprado.

- Materiales que hablen tu lenguaje: la madera guarda la memoria de los árboles, el metal lleva la fuerza de la tierra, las piedras contienen historias de miles de años. Elige materiales que sientas cercanos, que te transmitan algo más que lo que ves.

- La belleza está en la simpleza: no necesitas adornos excesivos para que una herramienta sea poderosa. Lo que la hace especial es la energía que le das, la historia que construyes con ella. Un cuchillo sencillo puede ser una daga poderosa si lo consagras con intención.

- Creaciones propias: si alguna vez sientes el impulso de crear tu propia herramienta, ¡hazlo! Tallar tu varita, pintar tu propio espejo o trenzar un amuleto con tus manos le imprime tu esencia, tu historia. Eso le da un poder que ningún objeto comprado podría tener.

- Aceptar lo que ya tienes: a veces, las herramientas mágicas están justo frente a ti. Una llave antigua, una cuchara de madera heredada, una piedra que llevas en el bolsillo desde hace años… La magia no siempre necesita algo nuevo, a veces solo necesita que veas con otros ojos lo que ya forma parte de tu vida.

OBJETOS COTIDIANOS TRANSFORMADOS

Como ves, no necesitas una colección de herramientas tradicionales para practicar magia. La magia no vive en lo raro o lo difícil de encontrar; está en lo simple, en lo que te rodea cada día. Los objetos cotidianos pueden convertirse en aliados poderosos si posas otra mirada sobre ellos y, en especial, si los usas con intención. La clave está en cómo lo cargas de significado y en la energía que les das.

Ejemplos de objetos cotidianos transformados

- Cuchillos de cocina: un simple cuchillo de cocina, bien consagrado, puede ser tu herramienta de poder; no necesitas una daga ceremonial para trazar círculos o cortar lazos energéticos: lo importante no es el filo, sino la intención con la que lo sostienes.

- Cuerdas o hilos: los hechizos de nudos son una práctica ancestral que trabaja la intención a través del acto de atar. Cada nudo representa un deseo, un pensamiento o un propósito. No necesitas nada sofisticado; un simple hilo de algodón puede ser el vehículo perfecto para tus intenciones.

- Espejos pequeños: el espejo es una herramienta mágica que se convierte en un acto de poder. No solo refleja tu imagen, sino también tu esencia. Te muestra cómo estás, cómo te ves, pero también puede ayudarte a recordar quién eres de verdad, en lo profundo. Usado con intención, el espejo actúa como una lupa hacia lo invisible, un portal simbólico que permite mirar más allá de lo evidente. Puedes utilizarlo para protección (reflejando energías densas que no te pertenecen) o para prácticas de adivinación sencilla (como observar tu rostro en meditación y ver qué surge).

- Llaves antiguas: las llaves olvidadas en el fondo de un cajón tienen un fuerte simbolismo, ya que representan la apertura de caminos, la posibilidad de desbloquear situaciones o proteger espacios. Llévalas como amuletos o úsalas en rituales para cerrar ciclos y abrir nuevas puertas en tu vida.

- Tazas o frascos: ¡Por supuesto que puedes tener un caldero! Pero una taza, un frasco de vidrio o incluso una olla vieja también sirven para preparar infusiones mágicas, contener agua lunar o realizar rituales de abundancia. En realidad, todo lo que contenga, transforme o mezcle puede ser, en esencia, un caldero.

- Velas comunes: las velas blancas básicas, esas que encuentras en cualquier tienda, son como lienzos en blanco para la magia. Puedes personalizarlas tallando símbolos, ungiéndolas con aceites o simplemente enfocando tu intención mientras las enciendes. No necesitas velas de colores específicos si la intención está clara.

¿Cómo transformarlos?

1. Límpialo energéticamente: antes de consagrar cualquier objeto, libéralo de energías previas. Puedes hacerlo pasándolo por el humo de hierbas sagradas, sumergiéndolo en agua con sal (si el material lo permite) o simplemente visualizando cómo una luz lo envuelve y lo purifica.
2. Personalízalo: haz que el objeto sea tuyo, no solo en propiedad, sino en esencia. Puedes pintarlo o decorarlo de la forma que sientas: grabar símbolos, atar cintas de colores que representen tus intenciones, etc. No hay normas, lo vital es que resuene contigo. Conságralo: el paso más importante. Sostén el objeto en tus manos, cierra los ojos y conecta con él. Habla en voz alta o en silencio, definiendo su propósito. Visualiza cómo tu energía fluye hacia él y lo llena de luz y vida. En ese momento, el objeto deja de ser común y se convierte en una extensión de tu poder.

Simbología:
las llaves de
la conexión
mágica

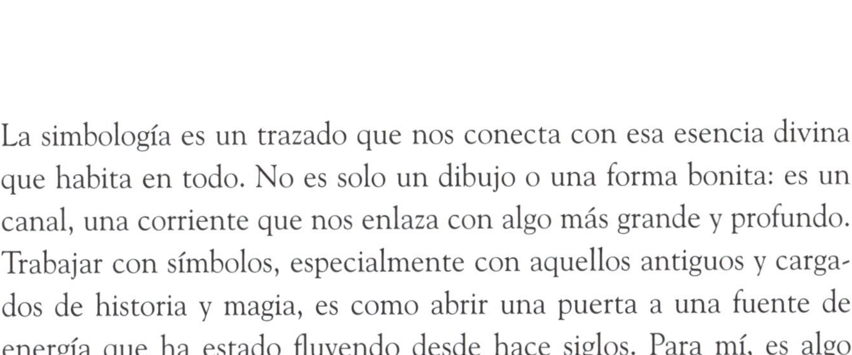

La simbología es un trazado que nos conecta con esa esencia divina que habita en todo. No es solo un dibujo o una forma bonita: es un canal, una corriente que nos enlaza con algo más grande y profundo. Trabajar con símbolos, especialmente con aquellos antiguos y cargados de historia y magia, es como abrir una puerta a una fuente de energía que ha estado fluyendo desde hace siglos. Para mí, es algo esencial porque *no solo nos permite conectar con lo ancestral, sino que también nos da la oportunidad de crear nuestros propios símbolos* y, con ello, de hacer nuestra propia magia.

Lo más fascinante es que los símbolos *están en todas partes*. No necesitas mirar un libro antiguo o un amuleto para encontrarlos: en la naturaleza, en la forma en la que crecen las plantas, en las espirales de un caracol, en la disposición de las hojas, en las estrellas del cielo. Por ejemplo, el símbolo del yin y el yang, que representa el equilibrio entre fuerzas opuestas, tiene una base en la propia naturaleza, en cómo se distribuyen las energías en el universo. Incluso hay estudios sobre que ciertas frecuencias de sonido crean patrones geométricos que se parecen a estos símbolos, como si el propio universo se expresara a través de ellos.

Para mí, los símbolos son llaves que abren puertas hacia emociones, deseos, recuerdos… Es como si fueran *códigos que el alma entiende sin necesidad de palabras*.

No importa de dónde provengan o cuán antiguos sean estos símbolos: lo importante es cómo resuenan contigo, qué despiertan en tu interior. Y lo más mágico de todo es que no necesitas que alguien más te diga qué significan. Puedes sentirlo, experimentarlo y crear tu propia relación con ellos. Porque, *al final, la simbología no es solo un lenguaje universal*: es un reflejo de lo que somos por dentro.

La conexión personal con los símbolos

Los símbolos son puentes que nos conectan con algo más profundo, algo que a veces ni siquiera sabemos nombrar. Para mí, esta conexión es algo muy personal, casi como una relación que se construye con el tiempo. Algunos símbolos llegan a tu vida de forma inesperada y, sin saber cómo ni por qué, sientes que te eligen. En cambio, otros los encuentras, los pruebas y descubres poco a poco si realmente resuenan contigo.

En mi práctica, hay símbolos que han estado siempre presentes, como el trisquel y la triqueta. Ambos tienen raíces en la tradición celta y nórdica, caminos que han influido profundamente en mi forma de entender la magia. El trisquel, con sus tres espirales en movimiento, representa para mí el ciclo constante de la vida: nacimiento, muerte y renacimiento. La triqueta, en cambio, es un símbolo de protección que siento muy cercano, como si cada uno de sus tres lazos me recordara la conexión entre cuerpo, mente y espíritu, o entre tierra, agua y cielo y el fuego como energía que lo envuelve todo. Es un símbolo que me acompaña y me sostiene como un guardián silencioso.

Pero no siempre es así de directo. A veces, ves un símbolo que te encanta estéticamente, pero cuando lo intentas integrar en tu práctica simplemente no fluye. Me pasó con el nudo de bruja. Al principio, no conectaba en absoluto con él. No me decía nada, no sentía ese clic interno. Sin embargo, la relación cambió. Esa desconexión inicial se transformó en un vínculo más auténtico. Es curioso porque con los símbolos pasa lo mismo que con las personas: hay quienes te conquis-

tan de inmediato y otros a quienes necesitas conocer más a fondo para descubrir su valor.

Por eso, mi consejo es que *te permitas explorar*. Prueba con diferentes símbolos, llévalos contigo, medita con ellos o dibújalos. En definitiva, intégralos en tu día a día. Verás que, en ocasiones, el símbolo te elige; otras veces, eres tú quien debe acercarse, tocar esa puerta y ver qué aguarda detrás. Es un proceso para descubrir qué resuena con tu energía, qué despierta algo dentro de ti.

Y aquí es donde *la intención juega un papel clave*. No importa si estás utilizando un símbolo ancestral o uno que has creado tú; lo que realmente le da fuerza es la intención que depositas en él. Tu energía, tu propósito, lo que sientes cuando lo miras o lo usas en un ritual o práctica es lo que lo convierte en un talismán de poder, en un aliado mágico. Puedes tener un símbolo lleno de historia, pero, si no conectas con él, será solo un dibujo. En cambio, uno simple creado por ti, cargado de emoción, puede convertirse en una herramienta muy poderosa.

LOS SIGILOS: EL ARTE DE CODIFICAR LA INTENCIÓN

Los sigilos son una de mis herramientas favoritas en la práctica mágica porque representan algo muy poderoso: *la capacidad de transformar un deseo, una intención o un pensamiento en un símbolo cargado de energía*. Pero ¿qué es un sigilo exactamente? En términos simples, es un dibujo o diseño creado a partir de una intención específica, algo parecido a codificar un deseo en una imagen en concreto que, cuando se activa, trabaja en un plano más allá de la lógica y de la mente consciente.

Aunque no son similares, en ocasiones los términos sigilo y sello se confunden. Un sello suele estar asociado con la firma gráfica de entidades espirituales o con símbolos usados en rituales muy concretos dentro de ciertas tradiciones.

En cambio, un sigilo es algo mucho más personal. No es un símbolo que encuentras ya hecho, sino que lo creas tú mismo para manifestar algo específico en tu vida, como un hechizo dibujado.

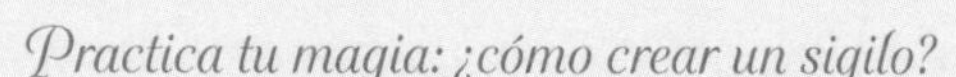

Practica tu magia: ¿cómo crear un sigilo?

Para crear un sigilo no necesitas ser un artista ni tener un don especial; basta con tu intención y una pizca de creatividad. Ahí reside su belleza.

1. Fusión de letras

- Define tu intención: para ello, piensa en lo que deseas manifestar. Debe ser una afirmación clara y positiva, como si ya estuviera sucediendo. Por ejemplo: «Estoy protegido».
- Reduce la frase: elimina todas las vocales y las letras repetidas. En el ejemplo anterior, quedaría algo así: STYPRGD.
- Diseña el sigilo: ahora, con esas letras, empieza a jugar. Puedes superponerlas, unirlas, rotarlas o estilizarlas hasta que formes un símbolo que sientas que vibra contigo. No importa si al final no se reconocen las letras originales; lo importante es que el diseño represente tu intención de forma visual.

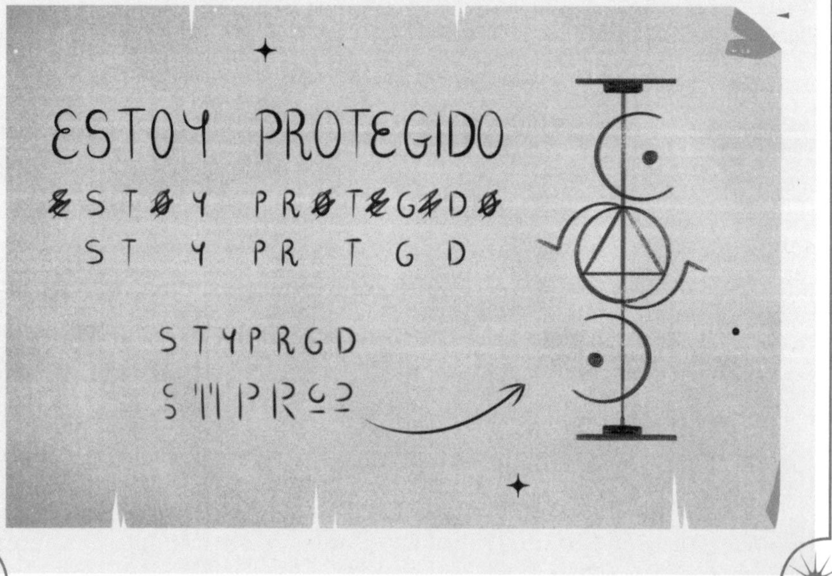

2. La rueda del reloj

Este método se basa en la correspondencia entre las letras del alfabeto y los números del 1 al 9, distribuidos como si fueran las horas de un reloj.

- Formula tu intención: empieza escribiendo una frase clara y positiva que represente tu deseo. Por ejemplo: «Soy abundancia».
- Elimina vocales y letras repetidas: quedaría como SYBDNC.
- Asigna números a las letras: sigue la correspondencia del alfabeto con los números del 1 al 9.
- Dibuja la rueda del reloj: imagina un círculo con los números distribuidos como un reloj.
- Conecta los puntos: une los números en el orden de las letras, creando un símbolo único.
- Estiliza tu sigilo: simplifica el diseño o añade detalles hasta que sientas que refleja tu intención.

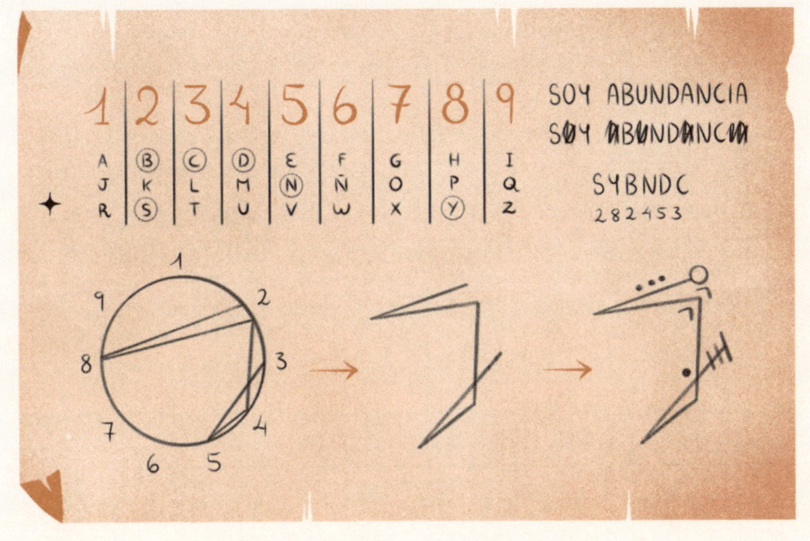

Recuerda: un sigilo sin intención es solo un dibujo. Para activarlo, necesitas cargarlo con tu energía.

¿Cómo activar un sigilo?

Una vez que hayas creado tu sigilo, ¡es el momento de darle vida! Aquí tienes algunas ideas:

- Ritual con los elementos: si has leído hasta aquí, tal vez sospechas que trabajar con la magia elemental me encanta. ¡Y estás en lo cierto! Para este ritual, puedes partir de un pequeño altar que represente los cuatro elementos (tierra, agua, fuego y aire) y colocar tu sigilo en el centro. Medita, visualiza tu deseo ya manifestado, siente la emoción de que ya es real. Luego, en función de lo que te haga sentir más conectado, quema el sigilo en el fuego de una vela, entiérralo en la tierra, sumérgelo en agua o deja que el viento se lo lleve.

- Carga de energía personal: para ello, prueba a sostenerlo entre las manos, cerrar los ojos y visualizar cómo tu energía fluye hacia el símbolo. Mientras lo haces, imagina cómo brilla y cómo empieza a latir en sincronía con tu deseo.

- **Uso cotidiano:** hay quienes prefieren llevar el sigilo siempre cerca, como en un amuleto, dibujado en un papel o incluso tatuado en la piel. ¡Sí, has leído bien! He visto ejemplos en varias personas que han trabajado conmigo para crear sigilos personalizados y después se lo han tatuado, ¡y con resultados preciosos! Lo fundamental es que esta herramienta esté presente en tu vida de un modo que tenga sentido para ti.

Como hemos visto, la magia de los sigilos no está en el papel ni en el dibujo, sino en el proceso de creación y activación. Es un acto de enfoque, de intención pura. Cuando creas uno, estás diciendo al universo: «Esto es lo que quiero y estoy listo para recibirlo». Y esa certeza ya es magia en sí misma. Si nunca has trabajado con sigilos, te animo a probar. No necesitas reglas estrictas, solo la disposición de conectar con tu propia energía creativa y confiar en el poder de tu intención. Créeme, *te sorprenderás de lo que eres capaz de manifestar*.

LAS RUNAS, EL *FUTHARK* NÓRDICO

El *futhark* es el alfabeto rúnico utilizado en las culturas germánicas y nórdicas. Su nombre proviene de las primeras seis runas: F, U, Þ, A, R, K. Aunque existen varias versiones del *futhark*, la más conocida es el *futhark* antiguo, que cuenta con veinticuatro runas divididas en tres grupos denominados *aettir*, cada uno asociado con distintos aspectos de la vida y la espiritualidad.

Primer *aett:* Freyja (relacionado con la prosperidad, el amor y la fertilidad)

FEHU

Riqueza, prosperidad, abundancia

Simboliza bienes materiales y espirituales. Trabaja con ella para atraer prosperidad y éxito en proyectos nuevos.

URUZ

Fuerza, salud, vitalidad

Representa la energía en bruto, la fuerza interior y el coraje para superar desafíos. Es ideal en rituales de empoderamiento personal.

THURISAZ

Protección, desafío, transformación

Conectada con el poder de los gigantes (Thurs), es una runa de defensa y cambio. Úsala para protegerte de energías negativas.

ANSUZ

Sabiduría, comunicación, inspiración

Representa la palabra divina, la inspiración y la conexión espiritual. Ayuda a mejorar la comunicación o pedir guía espiritual.

RAIDHO

Viaje, movimiento, destino

Asociada con el viaje físico o espiritual, te ayuda a encontrar tu camino, fluir con el cambio y avanzar con propósito.

KENAZ

Conocimiento, creatividad, luz interior

Simboliza la antorcha que ilumina la oscuridad. Trabaja con esta runa si buscas despertar tu creatividad y claridad mental.

GEBO

Regalo, intercambio, equilibrio

Como habla de la reciprocidad y los vínculos, es perfecta para armonizar relaciones y atraer conexiones auténticas.

WUNJO

Alegría, satisfacción, armonía

Representa la felicidad, el placer y la paz interior. Úsala para manifestar alegría y gratitud en tu vida diaria.

Segundo *aett*: Heimdall (relacionado con los desafíos, el crecimiento y la resistencia)

HAGALAZ

Cambio, destrucción, renacimiento

Simboliza lo inesperado y rupturas necesarias para el crecimiento. Úsala para trabajar con la aceptación del cambio.

NAUTHIZ

Necesidad, resistencia, disciplina

Aborda la superación de obstáculos y la fuerza en tiempos difíciles y te ayuda a liberar bloqueos internos.

ISA

Hielo, estancamiento, introspección

Simboliza la quietud y el tiempo de reflexión. Úsala cuando necesites parar, meditar y observar antes de actuar.

JERA

Ciclo, cosecha, recompensa

Asociada con los ciclos de la naturaleza, representa la cosecha y es magnífica para rituales de gratitud y manifestación de resultados.

EIHWAZ

Conexión, transformación, resiliencia

Representa el árbol sagrado Yggdrasil. Te conecta con tu fuerza interior y la sabiduría ancestral.

PERTHRO

Destino, misterio, intuición

Simboliza lo oculto, el azar y el misterio de la vida. Ideal para trabajos de adivinación y exploración de lo desconocido.

ALGIZ

Protección, defensa espiritual, guía

Considerada una de las runas más protectoras, puedes usarla como amuleto para alejar las energías negativas.

SOWILO

Sol, éxito, vitalidad

Representa la luz del sol y la victoria. Perfecta para trabajos de empoderamiento personal y manifestación de objetivos.

Tercer *aett*: Ty (relacionado con la justicia, el orden y el propósito)

TIWAZ

Justicia, honor, valentía

Simboliza el sacrificio por un bien mayor y el coraje para luchar por lo correcto. Ideal para tomar decisiones difíciles.

BERKANA

Fertilidad, crecimiento, renacimiento

Conectada con la energía femenina y la madre tierra. Perfecta para rituales de sanación emocional y amor propio.

EHWAZ

Movimiento, cooperación, confianza

Representa el caballo y la relación de confianza entre dos fuerzas. Úsala para mejorar asociaciones y para cambios positivos.

MANNAZ

Humanidad, autoconsciencia, comunidad

Simboliza al ser humano y la conexión con los demás. Ideal para fortalecer la autoestima y las relaciones sociales.

LAGUZ

Agua, intuición, flujo emocional

Conectada con las emociones y la intuición. Ayuda a fluir con la vida y a trabajar con la energía del inconsciente.

INGWAZ

Potencial, nuevos comienzos, fertilidad

Simboliza el potencial latente, la semilla que está a punto de brotar. Perfecta para iniciar proyectos o etapas nuevas.

DAGAZ

Iluminación, despertar, transformación

Representa el amanecer y la transformación positiva. Úsala cuando sientas que estás a punto de un gran cambio en tu vida.

OTHALA

Hogar, herencia, raíces

Simboliza el legado, la familia y la conexión con los ancestros. Trabaja con Othala para fortalecer la conexión con tu linaje y tu identidad espiritual.

¿Cómo empezar a trabajar con runas?

Si estás dando tus primeros pasos con las runas, no necesitas saberlo todo de golpe. Lo más importante es conectar con ellas de forma personal, sin presiones.

- Elige tus runas: puedes comprarlas o, mejor aún, crearlas tú mismo con madera, piedras o cualquier material natural que sientas especial. El acto de hacerlas ya es un ritual en sí mismo.
- Conócelas una a una: no intentes memorizar todos sus significados de golpe. Elige una runa cada día o cada semana y medita sobre ella. Llévala contigo, dibújala, siéntela. Observa cómo resuena en tu vida.
- Conexión intuitiva: más allá de los significados tradicionales, pregúntate: ¿qué siento cuando veo esta runa? ¿Qué emociones despierta en mí? La conexión personal es tan importante como el conocimiento teórico.
- Usos mágicos: las runas se pueden utilizar de muchas maneras.
    - Amuletos de protección: graba una runa en un colgante, piedra o incluso en tu piel (de forma temporal o permanente si así lo sientes).
    - Rituales: dibuja runas en velas, en el aire o sobre papel para potenciar intenciones específicas.
    - Lectura de runas: lánzalas o extiéndelas para obtener orientación. No se trata de adivinar el futuro, sino de recibir mensajes que te ayuden a comprender tu presente y tomar decisiones con mayor claridad.

¿Qué necesitas saber antes de trabajar con runas?

- Respeta su poder: no las trates como simples «herramientas de adivinación». Son mucho más que eso: son símbolos vivos que pueden transformar tu vida si te abres a su sabiduría.

- Confía en tu intuición: aunque hay significados tradicionales, tu interpretación personal es igual de válida. Las runas hablarán contigo de la forma en la que estés listo para escuchar.

- Límpialas y conságralas: al igual que con cualquier herramienta mágica, es importante que limpies y consagres tus runas para que se alineen con tu energía. Puedes hacerlo con humo de hierbas, luz de luna o enterrándolas en la tierra durante un tiempo.

Practica tu magia: la tirada de tres runas (pasado, presente y futuro)

Esta es la tirada más común y sencilla que hay dentro de la mancia rúnica.

Paso 1: mezcla las runas suavemente con las manos, permitiendo que tu energía fluya hacia ellas. Algunas personas prefieren colocarlas en una bolsa de tela y agitarlas un poco.

Paso 2: con la mente enfocada en tu pregunta, extrae tres runas una por una y colócalas de izquierda a derecha.

Paso 3: interpreta cada runa según su posición:

- Runa 1 (Pasado): representa las energías o experiencias que han influido en tu situación actual. Puede revelar lecciones que aún necesitas integrar.
- Runa 2 (Presente): muestra el estado actual de la situación. Refleja tus pensamientos, emociones o desafíos presentes.
- Runa 3 (Futuro): indica hacia dónde se dirige la situación si continúas en el mismo camino. No es un destino fijo, sino una tendencia que puedes cambiar si lo deseas.

Entiende tu magia

¿CÓMO ENCONTRAR TU PROPÓSITO?

A veces pensamos que encontrar nuestro propósito es como descubrir un gran tesoro escondido, algo que aparecerá de repente con una señal brillante y nos dará una certeza absoluta. Pero la realidad es mucho más simple y, a la vez, más profunda. El propósito no es un destino al que llegas ni un trofeo que consigues; *es un viaje, un latido constante, una brújula interna* que, aunque en ocasiones parezca perderse entre el ruido del mundo, siempre está ahí. *Solo tienes que aprender a escuchar.*

UN SUSURRO QUE SIEMPRE ESTUVO AHÍ

Desde que era pequeña, sentía que había algo más allá de lo que podía ver. Nadie en mi familia cercana practicaba la magia, pero dentro de mí había una semilla que ya estaba despierta. Me fascinaban los cristales, sentía cosas que no sabía explicar y, con el tiempo, el universo me dejó pistas. A los doce años, mi madre me regaló mi primer péndulo porque siempre me llamaban la atención. A los quince, mis tías me obsequiaron con mi primera baraja de tarot. No fue un momento de iluminación repentino, sino más bien un susurro constante que creció conmigo, una sensación que decía: «Esto eres tú».

Pero, incluso con esas señales, encontrar mi propósito no fue un camino recto. Hubo dudas, miedos, momentos de confusión en los que me preguntaba si realmente estaba haciendo lo correcto. Tuve que soltar creencias limitantes, desapegarme de personas que drenaban mi energía y, sobre todo, aprender a confiar en esa voz interior que, aunque a veces se hacía pequeña, nunca desaparecía.

Y eso es lo que quiero que entiendas: *el propósito no es algo que aparece de repente, es algo que siempre ha estado ahí, esperando que lo reconozcas*.

GUÍA PARA CONECTAR CON TU PROPÓSITO

¿Alguna vez has pensado en que el propósito es algo grandioso, como una misión épica para encontrar un talento oculto? Nada más lejos de la realidad: tu propósito no siempre grita; a veces susurra. Tampoco es siempre un gran logro; puede estar en los pequeños gestos, en la forma en que escuchas a un amigo, en cómo te conmueve el arte, en esa paz que sientes cuando haces algo que amas sin motivo alguno.

El propósito no tiene que ver con encontrar algo externo, sino, más bien, con recordar quién eres y lo que te hace sentir vivo. Es como si te hubieras perdido un poco y por fin volvieras a casa.

Aunque no hay fórmulas mágicas ni pasos definitivos porque el camino de cada persona es único, sí que existen algunas prácticas que pueden ayudarte a escuchar con más claridad ese susurro interno. ¡Te cuento algunas!

Ejercicio 1: el diario del alma

A veces, lo que necesitamos no es buscar respuestas, sino hacernos las preguntas adecuadas. Elige un cuaderno y responde a las siguientes preguntas con honestidad:

- ¿Qué cosas me hacen perder la noción del tiempo?
- ¿Cuándo me siento más auténtico sin tener que fingir nada?
- ¿Qué haría incluso si no me pagaran por hacerlo?
- ¿Qué me da paz incluso en los días más difíciles?

Al escribir, recuerda que no hay respuestas perfectas. La magia está en lo que surge sin filtros, en lo que anotas sin darte cuenta de que ya lo sabías. A veces, la verdad se esconde entre las líneas que escribimos sin pensar demasiado.

Ejercicio 2: ritual de claridad

Este ritual es sencillo pero poderoso. Para llevarlo a cabo, busca un espacio tranquilo, enciende una vela blanca y escribe en un papel: «¿Cuál es mi propósito?». No esperes una respuesta inmediata. Siéntate en silencio, mirando la llama, y respira despacio mientras observas y sientes. Tal vez una imagen, una palabra o una emoción acuda a ti. Quizá no llegue nada hoy y eso está bien. Ante todo, lo fundamental es que habrás abierto una puerta que el universo sabrá cómo cruzar.

Cuando termines, dobla el papel y guárdalo en un lugar especial. También puedes quemarlo si sientes que necesitas liberar la pregunta al viento, confiando en que la respuesta vendrá cuando estés listo para verla.

Ejercicio 3: el mapa de las pasiones perdidas

Antes de que el mundo nos dijera quién debíamos ser, ya sabíamos quiénes éramos. ¿Recuerdas qué cosas te hacían feliz cuando eras niño?

Haz una lista: ¿te gustaba dibujar, inventar historias, observar insectos, hacer pociones con barro y flores? Ahora pregúntate:

- ¿Cómo podría traer de vuelta algo de eso a mi vida?
- ¿Qué parte de mí he olvidado en el proceso de crecer?

A veces, las pistas más importantes están en lo que olvidas cuando intentas encajar en un molde que nunca fue tuyo.

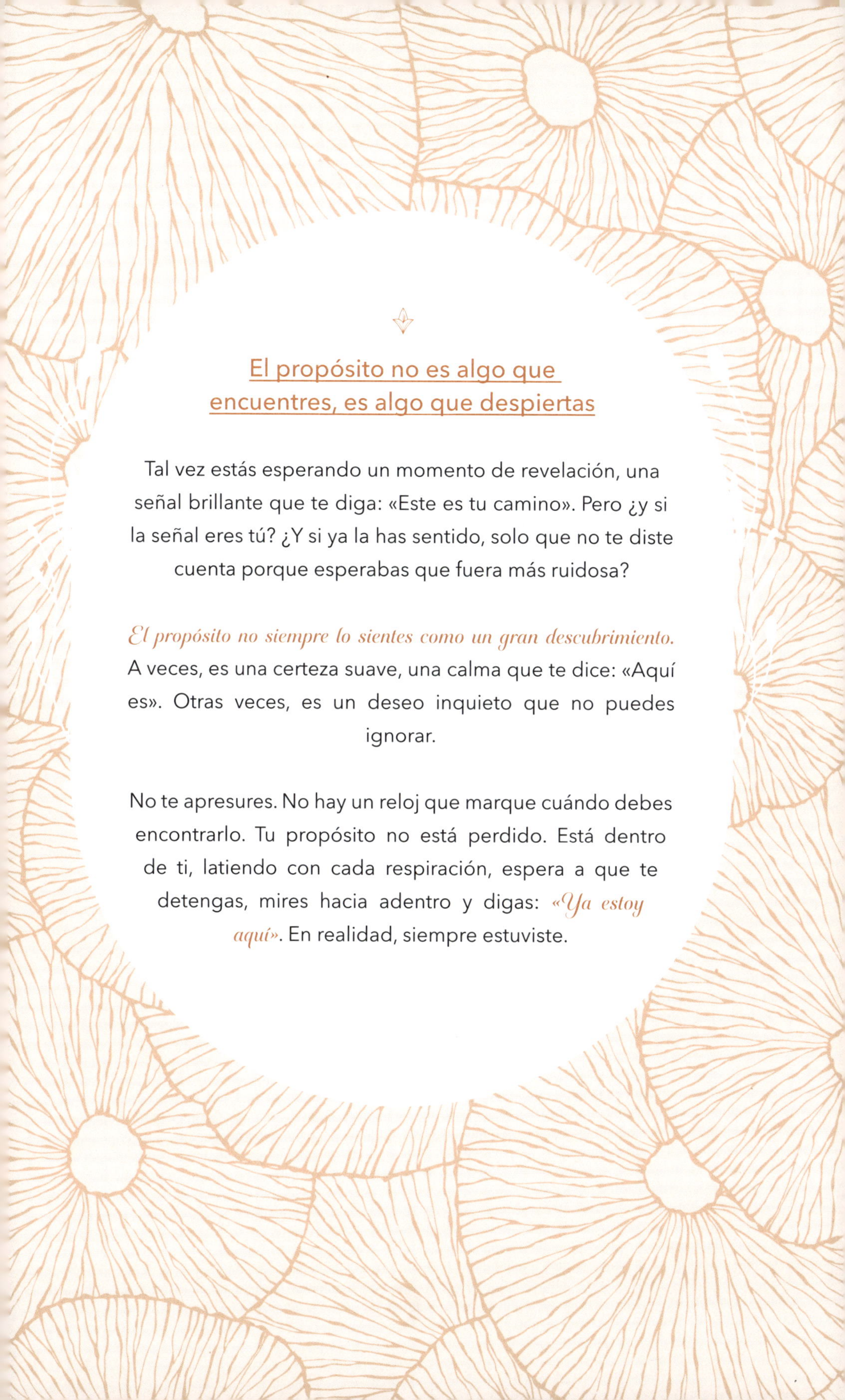

El propósito no es algo que encuentres, es algo que despiertas

Tal vez estás esperando un momento de revelación, una señal brillante que te diga: «Este es tu camino». Pero ¿y si la señal eres tú? ¿Y si ya la has sentido, solo que no te diste cuenta porque esperabas que fuera más ruidosa?

El propósito no siempre lo sientes como un gran descubrimiento. A veces, es una certeza suave, una calma que te dice: «Aquí es». Otras veces, es un deseo inquieto que no puedes ignorar.

No te apresures. No hay un reloj que marque cuándo debes encontrarlo. Tu propósito no está perdido. Está dentro de ti, latiendo con cada respiración, espera a que te detengas, mires hacia adentro y digas: *«Ya estoy aquí»*. En realidad, siempre estuviste.

LA MEDITACIÓN: EL ARTE DE ESCUCHAR(TE)

Cuando piensas en meditación, ¿qué es lo primero que te viene a la mente? Tal vez una imagen de alguien sentado en silencio, con la mente completamente en blanco, flotando en un estado de paz absoluta. Pero quiero decirte algo: meditar no es eso. O, al menos, no es solo eso.

La meditación no trata de apagar la mente o eliminar los pensamientos. Eso sería como pedirle al mar que deje de tener olas. La mente piensa, igual que el corazón late, es su naturaleza y está bien. Meditar no es luchar contra eso, sino aprender a convivir con ello.

Practica tu magia: ¿cómo empezar a meditar?

Olvida la idea de que hay una forma correcta de meditar. No necesitas estar en un templo en silencio absoluto ni tener posturas imposibles. Solo necesitas un espacio para ti, aunque sea durante unos minutos.

1. Encuentra tu espacio: busca un lugar tranquilo donde no te molesten. Puede ser tu habitación, un rincón especial de casa o incluso puedes meditar al aire libre. Si lo deseas, enciende un incienso suave o usa un difusor con aceites esenciales de lavanda, romero o la fragancia natural que más te guste. No es obligatorio, pero te ayudará a crear un ambiente que invite a la calma.
2. Adopta una postura cómoda: no necesitas sentarte en posición de loto si no te resulta cómoda. Puedes sentarte en una esterilla, un cojín o incluso en una silla. Lo importante es que mantengas la espalda recta, no rígida, sino erguida con naturalidad. Coloca las manos sobre las rodillas, con las palmas hacia arriba si quieres recibir energía o hacia abajo si prefieres enraizarte más. Cierra los ojos suavemente o mantenlos entreabiertos.

Meditar es un espacio donde, en lugar de forzarte a «no pensar», te permites observar lo que pasa dentro de ti, sin juicio. Es *un acto de escucha, pero no hacia afuera, sino hacia adentro*.

Meditar no es solo un ejercicio mental o una técnica de relajación. Es una forma de establecer *una intención*. La intención es ese hilo invisible que conecta tu mente con tu corazón y tu corazón con el universo.

Antes de comenzar, pregúntate:

- ¿Qué quiero cultivar hoy?
- ¿Paz? ¿Claridad? ¿Escuchar mi voz interior?

No necesitas una gran respuesta. A veces, la intención es tan simple como «quiero sentirme presente» o «quiero respirar con calma». La intención le da un propósito a tu práctica, como si plantaras una semilla cada vez que te sientas a meditar. Con el tiempo, esa semilla crecerá.

3. Respira, solo respira: no hay que hacer nada más complicado que esto. Respira. Siente cómo el aire entra y sale de tu cuerpo. No trates de controlarlo; simplemente obsérvalo. La respiración es tu ancla.
4. Convive con tus pensamientos: no intentes dejar la mente en blanco. Los pensamientos van a venir y eso está bien. No los empujes ni los rechaces. Piensa en ellos como si fueran nubes en el cielo: las ves pasar, las reconoces, pero no te aferras a ellas. Llega un pensamiento, lo observas, le das su espacio y lo dejas ir. Sin apego, sin juicio.

A veces será un pensamiento suave, a veces será un torbellino. No importa. La meditación no se mide por cuán tranquila está tu mente, sino por la capacidad de regresar a ti mismo una y otra vez, cada vez que te distraigas. Porque sí, te distraerás. Y eso también forma parte del proceso.

TIPS PARA EMPEZAR A MEDITAR

Empieza por poco tiempo:
No necesitas meditar una hora para sentir sus efectos. Comienza con 3 o 5 minutos al día. Lo importante es la constancia, no la duración.

Silencio o sonido, tú decides:
Si el silencio te resulta abrumador al principio, prueba a escuchar sonidos de la naturaleza, música suave o frecuencias que te relajen. Y si eso tampoco te convence, hay meditaciones guiadas que pueden ayudarte a mantener el enfoque.

Prueba meditar en la naturaleza:
Si puedes, siéntate en el bosque, en un parque o al lado de un río. Siente el viento en la piel, escucha el canto de los pájaros o el susurro de las hojas. La naturaleza es una maestra silenciosa que nos recuerda cómo fluir sin esfuerzo.

El «no puedo meditar» es solo un pensamiento más:
Si alguna vez piensas: «Esto no es para mí» o «no lo estoy haciendo bien», respóndete mentalmente: «Esto también es un pensamiento. Lo observo… y lo dejo ir». Esa, en realidad, ya es una forma de meditación.

Antes de dormir, medita:
La noche es un momento perfecto para meditar. Puedes hacerlo tumbado en la cama, prestando atención a tu respiración o imaginando que cada exhalación suelta el estrés del día. Te ayudará a dormir mejor y a calmar la mente.

Entiende tu magia, aprende a conectar

A veces se cree que la magia es algo externo, algo que está reservado para momentos especiales, rituales elaborados o personas con dones extraordinarios. Pero la verdad es mucho más simple y, a la vez, mucho más profunda: la magia está en ti, en tu esencia, en cada respiración, en cada pensamiento, en cada intención que nace de tu interior. No tienes que buscarla fuera porque nunca ha estado lejos. Solo necesitas recordar.

¿Qué es la magia?

Es la capacidad de conectar contigo mismo y con el mundo que te rodea de una forma consciente y profunda. Es esa sensación de plenitud cuando estás en sintonía con lo que eres, cuando confías en tu intuición, cuando sientes que todo fluye con naturalidad, aunque no puedas explicarlo con palabras.

No hay una sola forma de sentir la magia porque es única para cada persona. Para algunos es un cosquilleo en la piel; para otros, un suspiro que alivia el alma, una certeza tranquila, un «lo sé sin saber por qué». A veces es un escalofrío al escuchar una canción que parece hablarte directamente o una sensación de calma en medio del caos. ¿Te ha pasado alguna vez?

Siente la energía de tus manos

Este ejercicio es simple, pero sorprendentemente poderoso.

- Siéntate en un lugar tranquilo, cierra los ojos y respira hondo un par de veces.
- Frota tus manos entre sí durante unos segundos, hasta que sientas calor.
- Luego, sepáralas lentamente, dejando un pequeño espacio entre ellas, y mueve las manos despacio hacia delante y hacia atrás.
- ¿Sientes algo? Tal vez un cosquilleo, una especie de imán suave, un calor que se mantiene. Eso es energía. Tu energía. Estaba ahí todo el tiempo, solo que no habías prestado atención.

Ritual de conexión: la vela del alma

A veces, cuando sentimos que nos hemos desconectado, necesitamos un gesto simbólico para recordarnos que la magia sigue ahí.

- Enciende una vela blanca (o del color que más te inspire).
- Siéntate frente a ella en silencio. Observa la llama, cómo parpadea, cómo baila.
- Piensa en un momento en el que te hayas sentido fuerte, en paz o profundamente conectado contigo.
- Visualiza esa sensación como una luz dentro de ti, creciendo, iluminando cada rincón de tu ser.
- No importa si es un recuerdo pequeño. Lo que importa es cómo te hace sentir.

Cuando sientas que has reconectado, apaga la vela con gratitud.

La brújula interior: confía en tu intuición

La intuición es esa voz suave que sabe cosas sin necesidad de explicaciones lógicas. A veces la ignoramos porque estamos tan acostumbrados a racionalizarlo todo que olvidamos escuchar lo que sentimos.

Un ejercicio para fortalecerla:

- Piensa en una decisión pequeña que tengas que tomar, algo simple, como qué camino elegir al volver a casa o qué comida preparar.
- Antes de decidir, cierra los ojos, pon una mano sobre tu corazón y otra sobre tu abdomen.
- Pregúntate: «¿Qué siento si elijo esto?». No busques una respuesta en palabras. Fíjate en la sensación. ¿Te sientes ligero o tenso? ¿Te da calma o incomodidad? Con el tiempo, notarás que tu cuerpo siempre supo la respuesta.

PEQUEÑAS SEÑALES DE QUE ESTÁS CONECTADO CON TU MAGIA

- Sientes paz sin motivo aparente.
- Confías en decisiones que antes te habrían hecho dudar.
- Notas «casualidades» que parecen demasiado perfectas para serlo.
- Te emocionas con cosas simples: un amanecer, una canción, un gesto amable.
- Te escuchas a ti mismo con honestidad, incluso cuando es incómodo.

No necesitas buscar validación externa para sentirte «mágico» o «especial». Ya lo eres simplemente por existir.

Tu magia está en tu capacidad de sentir, de amar, de sanar, de crear. Está en tu risa, en tus lágrimas, en la forma en que te caes y vuelves a levantarte. Está en cómo abrazas a alguien, en cómo sostienes tu propia mano cuando nadie más lo hace.

No hay un momento exacto en el que descubras tu magia porque nunca estuvo perdida. Solo necesitas pausar, respirar y permitirte sentir.

Así, sin darte cuenta, un día mirarás atrás y te darás cuenta de que *la magia siempre fuiste tú*.

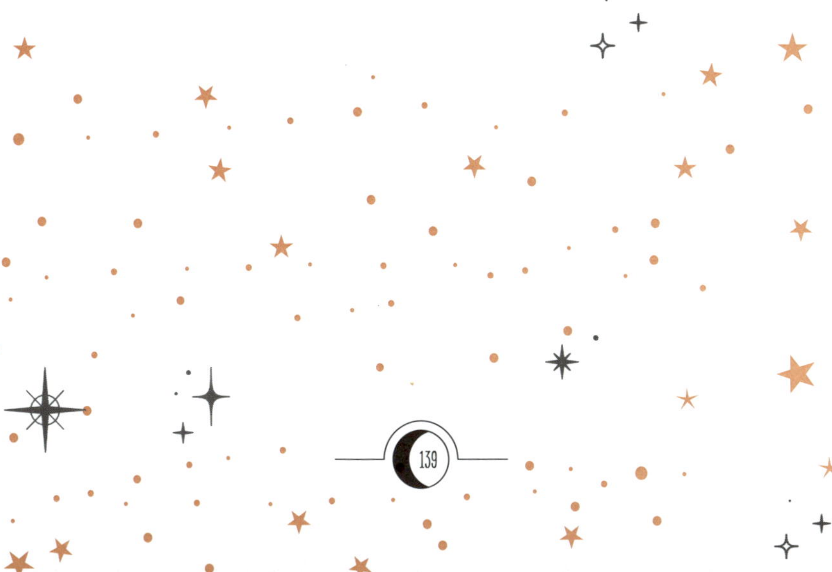

TRABAJAR CON TU SOMBRA

Hemos hablado de conectar con tu propósito, de escuchar tu interior a través de la meditación y de cómo empezar a sentir tu propia magia. Pero hay algo que no se puede ignorar en este viaje: la sombra. Esa parte de ti mismo que evitas mirar, que escondes bajo capas de distracciones y máscaras. *La sombra no es un enemigo, es un espejo. Un reflejo de todo aquello que necesitamos ver para crecer.*

Trabajar con tu sombra no es una tarea cómoda, pero es profundamente liberador. La mayoría de las personas cree que la magia es solo luz, intuición, energía bonita…, pero la magia real también habita en los rincones oscuros, en esas emociones reprimidas, en los miedos que se evitan, en las heridas que nunca se dejan sanar. *Para brillar de verdad, primero tienes que atravesar la oscuridad.* No puedes iluminar algo si no te atreves a mirarlo, ¿no?

¿Qué es la sombra?

La sombra está formada por todas esas partes de ti que has aprendido a rechazar o ignorar. Puede ser la inseguridad, la rabia, el miedo al fracaso, la necesidad de control, la culpa… No es que estas emociones sean malas, es que nos han enseñado a ocultarlas. Pero ignorarlas no las hace desaparecer; solo las entierra más profundo, donde siguen influyendo en cómo pensamos, sentimos y actuamos.

Trabajar con tu sombra es, básicamente, dejar de huir. Es sentarte frente a ti mismo sin filtros ni excusas y preguntarte: «¿Qué estoy evitando sentir? ¿De dónde viene este dolor? ¿Por qué reacciono así?».

MI PROPIA SOMBRA: AUTOCRÍTICA Y ACEPTACIÓN

Siempre he sido muy autocrítica. A veces, esa voz interna que me juzgaba era más fuerte que cualquier elogio que pudiera recibir. ¿Te ha pasado eso? Que todo el mundo ve luz en ti, pero tú solo ves grietas. Me costó mucho entenderlo. Llegó un momento en mi vida en el que me pregunté: «¿Por qué los demás ven algo en mí que yo no puedo ver?».

Ese fue el principio de mi trabajo con la sombra. No fue fácil. Es como sumergirse en aguas profundas donde al principio solo ves oscuridad. Pero si te quedas ahí el tiempo suficiente, empiezas a distinguir formas, matices… y te das cuenta de que la oscuridad también tiene belleza. Mi sombra me mostró mis inseguridades, mis miedos, esa necesidad de controlar todo para sentirme segura. Pero también me enseñó que esas partes no me hacen menos valiosa; solo me hacen humana.

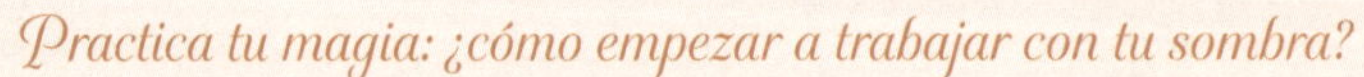

Practica tu magia: ¿cómo empezar a trabajar con tu sombra?

El espejo honesto: siéntate frente a un espejo. Mírate a los ojos en silencio durante unos minutos. No para juzgar tu apariencia, sino para observarte de verdad. ¿Qué emociones surgen? ¿Qué pensamientos aparecen? No los apartes. Solo obsérvalos. A veces, el simple acto de mirarte sin distracciones ya es un acto de magia.

Escritura sin filtros: toma un cuaderno y escribe sin pensar demasiado. Empieza con la frase: «Lo que no quiero admitir es…» y deja que las palabras fluyan. No importa si tiene sentido o no. Lo importante es vaciar la mente, dejar que lo que oculto salga a la luz.

Hoy sigo enfrentándome a mi sombra. La diferencia es que ya no la rechazo. La abrazo. A veces, soy yo misma quien me pone la tirita cuando una herida vieja vuelve a doler. No se trata de eliminar la sombra, sino de integrarla. De entender que forma parte de ti, pero no te define.

No tengas miedo de lo que puedas encontrar. Lo que está en la sombra ya vive dentro de ti, aunque no lo mires. Negarlo no lo elimina, solo lo hace más fuerte. En cambio, cuando lo abrazas, pierde poder sobre ti. Deja de ser un monstruo y se convierte en un maestro.

Trabajar con tu sombra no te hace menos espiritual. Al contrario. Te hace más auténtico. La luz no significa ausencia de oscuridad. Significa que aprendiste a brillar incluso con ella.

Y recuerda: no estás roto. Nunca lo estuviste. Solo estás reencontrándote con partes de ti que también merecen ser amadas.

Ritual de liberación emocional: si sientes que una emoción te pesa demasiado (rabia, tristeza, culpa), escribe sobre ella. Detalla cómo te hace sentir, de dónde crees que viene. Luego, con cuidado y de forma segura, quema ese papel. Observa cómo el fuego lo transforma. No se trata de «borrar» la emoción, sino de liberarla, de decir: «Te reconozco, pero ya no te necesito».

Habla contigo mismo: sí, ¡en voz alta! Pregúntate: «¿Qué me duele de verdad? ¿Por qué me afecta tanto esto?». A veces, decirlo en voz alta te da una perspectiva diferente, como escuchar tu propia verdad sin filtros.

LA MANIFESTACIÓN

Manifestar no es simplemente desear algo con todas tus fuerzas y esperar que caiga del cielo. Es una danza suave entre tu energía interna y la del universo, un acto de alineación perfecta donde lo que sientes, piensas y haces se entrelaza con el flujo natural de la vida. La manifestación es la materialización de tu esencia, la prueba de que, cuando comprendes tu poder interior, puedes atraer aquello que resuena con tu vibración más auténtica.

¿Qué es realmente manifestar?

Manifestar es más que pedir. Es una afirmación de existencia: «Esto ya es parte de mi realidad». No se trata de «ojalá», «quisiera» o «me gustaría» porque esas palabras vibran desde la carencia, desde un lugar donde aún no posees lo que deseas. El universo no entiende de deseos vagos; entiende de certezas. Por esa razón, el lenguaje es fundamental:

- ⊗ «Ojalá encuentre paz».
- ✓ «Soy merecedor de paz».
- ⊗ «Me gustaría tener abundancia».
- ✓ «Agradezco la abundancia que fluye hacia mí».

El cambio comienza en el pensamiento. No basta con querer cambiar; hay que creerse merecedor de ese cambio.

Por eso es importante todo lo que hemos trabajado antes: entender tu esencia, trabajar tu sombra y conectar con tu magia interior. Sin ese trabajo previo, manifestar puede sentirse vacío, como lanzar deseos al viento sin dirección.

Errores comunes al manifestar

- Pensamiento negativo e insuficiente: si en el fondo de ti habita la creencia de que «no lo mereces» o «no es posible para ti», esa energía es la que se proyectará. La manifestación es un reflejo de tu estado interno. No es solo cuestión de palabras; es cómo te sientes al decirlas.
- Vibrar desde la carencia: pedir desde la necesidad («necesito esto para ser feliz») crea un eco de vacío. En cambio, agradecer desde la abundancia («agradezco lo que ya tengo y lo que está por venir») genera expansión.
- Falta de acción: manifestar no es solo visualizar. Es también actuar en coherencia con lo que deseas. ¿Quieres amor? Ámate. ¿Quieres abundancia? Vive con una mentalidad de abundancia, no de escasez.

Claves para manifestar con poder

- Afirmaciones en presente y en positivo: el universo responde al ahora. Habla como si ya fuera una realidad: «soy», «tengo», «vivo», «agradezco».
- Coherencia entre mente, emoción y acción: no basta con pensarlo si no lo sientes. Y no basta con sentirlo si no actúas en consecuencia. La alineación es la clave.
- Gratitud anticipada: agradece como si ya lo hubieras recibido. La gratitud es un imán de abundancia.

Ritual de manifestación en días de portales energéticos

Estos días son considerados portales porque la vibración numérica se amplifica, creando un espacio propicio para manifestar con mayor claridad. (04/04, 08/08, 11/11...).

1. Prepara tu espacio: enciende una vela blanca o de miel para atraer energía positiva. Puedes colocar cristales como citrino (para la abundancia) o amatista (para la claridad).
2. Escribe tu deseo: en un papel, redacta lo que deseas manifestar en presente y con gratitud. Por ejemplo: «Agradezco la estabilidad y abundancia que fluyen en mi vida».
3. Visualiza: cierra los ojos e imagina que eso que deseas ya está ocurriendo. Siente la emoción de tenerlo, vívelo en tu mente y en tu cuerpo.
4. Quema el papel (opcional): si lo sientes, quema el papel de forma segura, visualizando cómo el humo lleva tu intención al universo.

Ritual con velas de miel los días 11 y 22

Las velas de miel son perfectas para manifestar dulzura, prosperidad y abundancia en cualquier aspecto de tu vida.

1. Escribe tu nombre en la vela de abajo hacia arriba, simbolizando el crecimiento y la atracción.
2. Unta la vela con un poco de miel natural mientras repites afirmaciones de abundancia: «La dulzura y la prosperidad fluyen hacia mí con facilidad».
3. Enciende la vela y déjala consumir por completo. Mientras la llama arde, visualiza con detalle lo que deseas manifestar.

Método 3-6-9

Este método se basa en la repetición diaria de afirmaciones para reprogramar tu mente subconsciente.

1. Elige una afirmación: por ejemplo, «soy abundancia ilimitada».
2. Repite la afirmación en el espejo o escríbela en un cuaderno:
    - 3 veces por la mañana al despertar.
    - 6 veces a lo largo del día.
    - 9 veces antes de dormir.

Hazlo durante veintiún días para crear un hábito energético que se ancle en tu subconsciente.

EL AURA, EL REFLEJO DE TU ENERGÍA INTERIOR

Si has llegado hasta aquí, ya has recorrido un camino importante: has aprendido a conectar contigo, a escuchar tu interior y a manifestar lo que deseas. Pero hay algo más que va más allá de lo que sientes por dentro: *tu energía también se refleja hacia afuera*. Esa proyección es lo que conocemos como el aura.

Imagina que tu cuerpo es una vela encendida. La llama es tu esencia interna, tu energía vital, pero la luz que irradia, ese resplandor que se expande hacia el exterior, es tu aura. No es solo un concepto esotérico; es el campo energético que envuelve tu cuerpo, un espejo invisible que refleja tu estado físico, emocional, mental y espiritual.

El aura es el resultado de todo lo que hemos trabajado hasta ahora:

- Tus pensamientos crean vibraciones.
- Tus emociones las colorean.
- Tu conexión con la intención y la manifestación las expande.

En cierto modo, tu aura es tu carta de presentación energética. Puede cambiar de forma y color según cómo te sientas, cómo pienses y cómo te relaciones con el mundo.

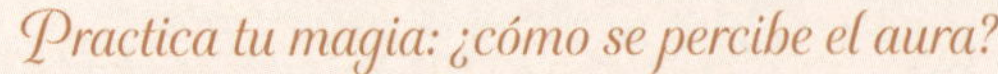

Practica tu magia: ¿cómo se percibe el aura?

No necesitas tener un don especial para conectar con tu propio campo energético. La clave está en la atención y en la sensibilidad. Este es un ejercicio sencillo para empezar:

1. Encuentra un espacio tranquilo. Siéntate frente a una pared blanca o de color claro, en un ambiente con luz suave.
2. Extiende tus manos frente a ti, con las palmas hacia adentro, casi tocándose, pero dejando unos centímetros de distancia.
3. Cierra los ojos y concéntrate en la sensación entre tus manos. ¿Notas un leve cosquilleo? ¿Un calor suave o una resistencia invisible? Eso es energía.
4. Abre los ojos lentamente y trata de enfocar la vista en el espacio entre tus manos, sin forzar. Algunas personas perciben un halo tenue, un brillo sutil o incluso un cambio en la densidad del aire. Si no lo ves, no pasa nada. Lo importante es sentirlo.

Con práctica, esta percepción se hará más natural. No esperes ver una explosión de colores desde el primer intento. La sensibilidad energética crece con la atención constante, como cualquier otra habilidad.

¿Qué significan los colores del aura?

El aura puede presentar diferentes colores, que reflejan tu estado emocional y energético en un momento dado. Puede tener varios colores al mismo tiempo. Es como un paisaje que cambia según las emociones, pensamientos y vivencias.

El aura es honesta. No se disfraza ni se oculta. Refleja lo que eres, lo que sientes y lo que necesitas en cada momento. No importa si la ves, la sientes o simplemente confías en que está ahí: lo importante es que aprendas a escucharla. No necesitas tener un aura perfecta ni un color específico para estar bien. Tu energía está en constante movimiento y eso es hermoso. Lo valioso es que seas consciente de ello, que cuides tu campo energético como cuidas tu cuerpo o tu mente.

En definitiva, tu aura es la expresión más pura de tu esencia. Y aprender a conocerla es, en realidad, otra forma de conocerte a ti.

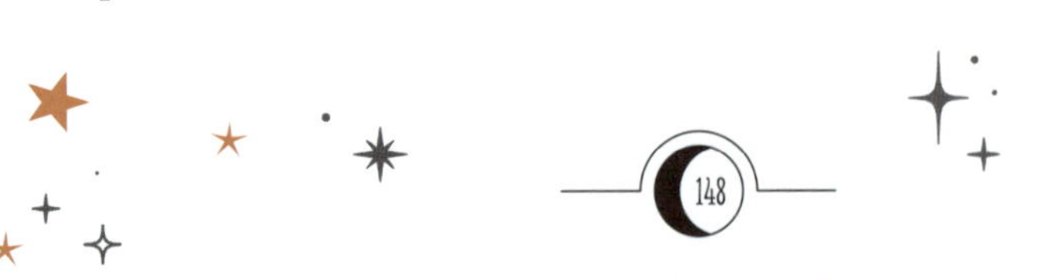

No hay un significado fijo e inmutable de los colores; te comparto algunas interpretaciones comunes para que empieces a familiarizarte:

Rojo:	*Naranja*	*Amarillo*
Vitalidad, pasión, energía intensa. Puede reflejar tanto fuerza como impulsividad.	Creatividad, entusiasmo, cambio. Un color dinámico que muestra expansión y crecimiento.	Claridad mental, alegría, optimismo. Es la chispa de la mente en su estado más luminoso.
Verde	*Azul*	*Violeta*
Equilibrio, sanación, amor por la naturaleza. Muestra una energía en armonía y en proceso de sanación.	Calma, comunicación, intuición. Refleja serenidad emocional y expresión clara.	Espiritualidad, cambio, conexión con lo superior. Se asocia con el crecimiento interior.
	Blanco o dorado	
	Pureza, protección, energía elevada. Refleja una conexión fuerte con lo espiritual.	

Practica tu magia: ¿cómo cuidar y fortalecer tu aura?

Tu aura es como tu casa energética: necesita limpieza, cuidado y atención. Aquí tienes algunos rituales simples para fortalecerla:

1. Baños de sal: sumergirte en agua con sal marina o sales de Epsom ayuda a liberar energías densas. Si no puedes darte un baño completo, un baño de pies funciona igual de bien.
2. Limpieza con humo: usa hierbas como salvia, romero o palo santo para «barrer» tu campo energético. Pasa el humo por tu cuerpo, de arriba abajo, visualiza cómo se disuelven las energías.
3. Visualización de luz: cierra los ojos e imagina que una luz brillante te envuelve, limpiando cualquier carga negativa y llenándote de energía renovada. Puedes hacerlo al despertar o antes de dormir.
4. Conexión con la naturaleza: caminar descalzo sobre la tierra, abrazar un árbol o respirar hondo al aire libre ayuda a descargar la energía estancada y recargar tu campo energético.
5. Cristales para el aura: puedes llevar encima cuarzo transparente, amatista o turmalina negra para mantener tu energía limpia y equilibrada.

CRECIMIENTO ESPIRITUAL

El crecimiento espiritual no es un destino ni una meta fija, sino un despertar de consciencia. Es una expansión del alma, una forma de ver el mundo con más claridad, de sentir la energía que nos rodea y, sobre todo, de *recordar quiénes somos en nuestra esencia más pura*. No es un proceso lineal ni algo que se consigue de la noche a la mañana.

Es un camino que requiere práctica, paciencia
y, a veces, la valentía de soltar lo que ya no nos pertenece.

En este viaje, hay momentos de luz y otros de sombra. Días en los que sientes que todo encaja y días en los que nada parece tener sentido. Pero todo forma parte del proceso.

Lo importante no es avanzar rápido,
sino hacerlo de manera consciente.

Practica tu magia: prácticas para nutrir tu crecimiento espiritual

- Despierta con consciencia: antes de mirar el móvil o sumergirte en el ruido del día, abre los ojos con intención. Mira por la ventana, busca un rayo de sol y tómate un momento para respirar profundamente. Es un recordatorio de que cada día es una nueva oportunidad.
- Movimiento consciente: antes de empezar la rutina, dedica unos minutos a estirarte, mover tu cuerpo, sentir la conexión entre tu respiración y tus movimientos. No tiene que ser una práctica intensa, basta con unos minutos de conexión contigo mismo.
- Evita el consumo de información inmediata: si lo primero que haces al despertar es leer noticias o redes sociales, tu mente se llena de ruido externo antes de escuchar tu propia voz. Intenta comenzar el día con calma, conectando primero contigo antes de conectarte con el mundo.
- Pequeños rituales diarios: la espiritualidad no trata solo de grandes ceremonias; está en los gestos cotidianos. Una ducha puede convertirse en un baño de purificación si lo haces con intención. Tu rutina de *skin care* puede ser un momento de autocuidado si la acompañas con música relajante. Encender una vela por la noche puede ser un recordatorio de tu luz interior. Todo depende de la energía que pongas en cada acción.
- La práctica del agradecimiento: no subestimes el poder de agradecer. Al final del día, escribe tres cosas por las que te sientas agradecido, por pequeñas que sean. Dar las gracias cambia la perspectiva y nos ayuda a enfocarnos en la abundancia en lugar de la carencia.
- Soltar cargas del pasado: crecer espiritualmente implica aprender a hacer las paces con lo que fue. No se trata de olvidar ni de ignorar lo que nos ha dolido, sino de entender que aferrarnos a ello solo nos impide avanzar. Cuando te agarras a algo que ya no tiene lugar en tu vida, te conviertes en su prisionero. Pero, cuando decides soltarlo, recuperas tu poder.

LAS ETAPAS DEL CRECIMIENTO ESPIRITUAL

El crecimiento espiritual no es un camino recto ni una línea ascendente sin tropiezos. Hay momentos de expansión y de pausa.

A veces, incluso, parece que retrocedemos, pero en realidad estamos integrando lecciones que no habíamos visto antes.

Podríamos dividir este camino en *tres grandes etapas*:

1. El despertar: el momento en el que empiezas a cuestionarte. Tal vez algo en tu vida te hace sentir que hay más de lo que te han contado. Comienzas a buscar respuestas, a sentir curiosidad por temas espirituales, a notar señales que antes pasaban desapercibidas. En esta etapa, todo parece nuevo, emocionante y, a veces, abrumador.

2. La integración: después del despertar, llega el momento de integrar lo aprendido. Aquí es donde te das cuenta de que la espiritualidad no es solo leer libros o hacer rituales, sino una forma de vivir. Empiezas a aplicar lo que resuena contigo, a soltar lo que ya no necesitas y a entender que el crecimiento no es solo aprender cosas nuevas, sino desaprender lo que te limita.

3. El equilibrio: esta es la etapa en la que encuentras tu propio ritmo. Ya no buscas respuestas afuera, sino que confías en tu intuición. Sabes que la vida tiene ciclos y que cada etapa tiene su propósito. Aceptas los momentos de luz y de sombra sin resistencia, y vives tu espiritualidad desde la autenticidad.

Aunque cada persona lo vive de manera diferente.

Lo importante no es llegar rápido a una etapa «final» que no existe, sino *disfrutar el proceso y entender que cada fase tiene su propia magia.*

LA INTUICIÓN COMO BRÚJULA ESPIRITUAL

A medida que crecemos espiritualmente, nuestra intuición se vuelve más fuerte. Es esa voz interna que nos guía, nos advierte cuando algo no nos conviene y nos impulsa hacia lo que necesitamos. Pero, para escucharla, hay que aprender a confiar en ella; lo veremos más adelante.

Practica tu magia: ¿cómo fortalecer la intuición?

- Escúchate sin filtros: la intuición no grita, susurra. Para escucharla, necesitas hacer espacio para el silencio. La meditación, la escritura automática o simplemente pasar tiempo contigo mismo sin distracciones puede ayudarte a afinar esa conexión.
- Confía en tus primeras impresiones: ¿alguna vez has sentido que sabías algo antes de que ocurriera? Esa es tu intuición hablándote. Aprende a confiar en esas sensaciones en lugar de descartarlas por no ser «racionales».
- Observa cómo responde tu cuerpo: muchas veces, la intuición se manifiesta físicamente. Si algo te genera paz y ligereza, probablemente sea un camino alineado contigo. Si en cambio sientes pesadez, ansiedad o incomodidad, escúchalo. Tu cuerpo sabe más de lo que crees.
- Hazle preguntas al universo: a veces, necesitamos una confirmación externa. Pide señales y estate atento a lo que sucede a tu alrededor. El universo responde de formas sutiles pero claras.

No necesitas buscar fuera lo que ya está dentro de ti. La espiritualidad no es alcanzar un estado «perfecto» ni eliminar por completo las dudas o los miedos. Es aprender a vivir en equilibrio, a confiar en el proceso y a recordar que todo *lo que necesitas para crecer ya lo llevas en ti*.

Cada día es una oportunidad para **conectar contigo**, para soltar lo que pesa y para abrirte a lo nuevo. No hay prisa, no hay reglas estrictas. Solo un camino que se traza paso a paso, con cada elección, con cada respiración, con cada instante en el que decides mirar hacia adentro y recordar quién eres.

Crecer espiritualmente no es volverte alguien diferente. *Es volver a ti.*

TUS DONES ESPIRITUALES

Cuando se habla de dones espirituales, muchas veces la gente imagina habilidades sobrenaturales, casi como si fueran superpoderes sacados de un cuento. Pero, en realidad, un don espiritual no es algo ajeno ni inalcanzable: es una capacidad innata, *una sensibilidad especial que cada persona tiene de manera única*.

Desde una perspectiva energética, todo en el universo vibra y está interconectado. Nosotros, como seres humanos, somos energía en constante movimiento. Nuestra conciencia, emociones y pensamientos tienen una frecuencia vibratoria y, a través de esa vibración, podemos percibir más allá de lo evidente.

Si lo observamos desde un punto de vista científico, sabemos que nuestro cerebro funciona con impulsos eléctricos y que nuestro campo electromagnético se extiende más allá del cuerpo físico. Se ha comprobado que el corazón y el cerebro generan campos energéticos que pueden interactuar con el entorno y con otras personas. Esto podría explicar por qué a veces sentimos la energía de un lugar antes incluso de entrar en él o por qué podemos percibir cuando alguien nos está observando sin verlo directamente.

Dicho de otra manera: los dones espirituales no son magia en el sentido fantástico de la palabra, sino una ***manifestación de cómo nuestra conciencia interactúa con la energía*** que nos rodea.

¿TODOS TENEMOS DONES ESPIRITUALES?

¡Así es! Pero, al igual que en cualquier habilidad, hay personas que nacen con una predisposición más fuerte hacia ciertos dones, mientras que otras pueden desarrollarlos con la práctica.

Piénsalo como el deporte: hay quienes naturalmente son buenos en ciertas disciplinas sin haber entrenado mucho, mientras que otros, aunque no tengan facilidad innata, pueden mejorar con dedicación y constancia, ¿no? Lo mismo ocurre con los dones espirituales: algunos se presentan de manera espontánea y otros hay que trabajarlos para que se despierten.

En muchas ocasiones, el despertar espiritual es el punto de inflexión que permite reconocer estos dones. Es como si, de repente, el mundo empezara a hablarte en un lenguaje que siempre estuvo ahí, pero que antes no entendías del todo.

¿CÓMO DESCUBRIR TU DON?

A veces, el descubrimiento de un don no es algo inmediato, sino un proceso de autoexploración. Algunas formas en las que puedes empezar a identificarlo incluyen:

- Señales y sensaciones: ¿hay algo que siempre has sentido de forma natural sin que nadie te lo enseñara? Tal vez percibas la energía de las personas con facilidad, tengas sueños que luego suceden o puedas notar cuando alguien miente.

- Impulsos y llamados: ¿sientes atracción por ciertos temas espirituales sin una razón aparente? Puede ser que siempre hayas sentido fascinación por la adivinación, la sanación, los rituales o la astrología.

- Experiencias espontáneas: muchas veces, los dones se manifiestan en momentos inesperados al sentir una presencia, soñar con mensajes importantes, notar cambios en la energía de un lugar…

- La práctica revela el talento: no siempre los dones se muestran solos; muchas veces se descubren explorando. Meditar, hacer ejercicios de visualización o probar distintas técnicas espirituales pueden ayudarte a identificar qué habilidades te fluyen con más facilidad.

DIEZ DONES ESPIRITUALES COMUNES

Aunque hay muchas formas en las que se pueden manifestar los dones, estos son los más comunes:

Intuición: sentir de manera natural qué camino tomar o qué decisión es la correcta sin necesidad de lógica aparente.

Clarividencia: percibir imágenes, colores o símbolos en la mente que tienen significado.

Clariaudiencia: escuchar mensajes o palabras en el pensamiento que provienen de una fuente no física.

Empatía energética: sentir con mucha intensidad las emociones y energías de los demás.

Sanación energética: tener la capacidad de canalizar energía para equilibrar a otras personas, como el reiki.

Mediumnidad: percibir presencias o recibir mensajes del otro lado.

Precognición: tener sueños, visiones o corazonadas sobre eventos futuros.

Psicometría: leer la energía de objetos con solo tocarlos.

Canalización: sentir que la información fluye a través de ti desde una fuente espiritual.

Capacidad de alterar la energía: saber modificar la vibración de un lugar o persona a través de intención, rituales o pensamiento.

¿Qué bloquea un don?

Si sientes que tienes un don, pero no logras activarlo, es posible que haya bloqueos impidiéndolo. Algunas de las razones más comunes son:

Creencias limitantes: si crees que esto «no es real» o «no es para ti», tu mente inconsciente cerrará cualquier posibilidad de explorarlo.

Miedo al juicio: muchas personas bloquean sus dones porque temen ser vistas como raras o diferentes.

Exceso de ruido mental: estar constantemente en la mente, sin permitirte sentir, puede impedir que percibas energías más sutiles.

Dudas constantes: si cada vez que sientes algo especial lo descartas como «casualidad», nunca le darás espacio a tu don para florecer.

¿CÓMO POTENCIAR Y APLICAR TU DON?

Si ya identificaste un don en ti, aquí van algunas ideas para fortalecerlo:

- Práctica constante: no basta con saber que lo tienes, hay que ejercitarlo. Si es intuición, ponla a prueba en pequeñas decisiones diarias. Si es clarividencia, anota lo que percibes y observa si se cumple.

- Explora herramientas que potencien tu habilidad: si eres empático, aprende sobre protección energética. Si sientes atracción por la sanación, prueba con reiki o técnicas similares.

- Conocimiento y paciencia: investiga, lee, experimenta. Nadie nace sabiéndolo todo; es un camino de descubrimiento.

- Calma y conexión interna: la meditación, el trabajo energético y la conexión con tu esencia facilitarán que los dones se afiancen.

Algunos mitos

«Solo algunas personas nacen con dones»
¡No es cierto! Todos tenemos habilidades energéticas, pero algunas están más desarrolladas que otras.

«Si no lo ves o escuchas con claridad, no es real»
La percepción no siempre es literal. Puede venir en forma de sensaciones, corazonadas o símbolos.

«Si tienes un don, deberías usarlo para ayudar a los demás»
¡No necesariamente! Puedes usarlo para tu propio crecimiento sin sentirte a compartirlo si no lo deseas.

LA INTUICIÓN

La intuición es ese murmullo silencioso que te guía sin que sepas exactamente por qué. Es la certeza que sientes sin pruebas, la sensación en el pecho que te dice: «Esto es» o «por aquí no». Es un conocimiento profundo que no proviene de la lógica, sino de algo más sutil, algo que está en ti desde siempre.

A veces, pensamos que la intuición es un don reservado para unos pocos, pero, en realidad, todos nacemos con ella. Es como un músculo: si no lo usas, se atrofia; si lo entrenas, se vuelve más fuerte y confiable. Y, sin embargo, en la vida moderna hemos aprendido a ignorarla. Nos han enseñado a escuchar la razón, a pedir pruebas, a buscar respuestas fuera, cuando la mayoría de ellas ya están dentro.

Pero ¿cómo saber cuándo es intuición y cuándo es solo miedo disfrazado? Esa es la clave. Porque no todo lo que sentimos es intuición; a veces, el miedo habla con la misma intensidad, pero su tono es diferente. La intuición nunca grita, nunca impone, nunca viene desde la ansiedad o el pánico. *Es un susurro, una sensación de certeza tranquila.* No te obliga ni te mete prisa. Simplemente está ahí, esperando a que le prestes atención.

¿CÓMO FORTALECER TU INTUICIÓN?

Si sientes que no tienes intuición o que la has perdido, no te preocupes. *Nunca desaparece por completo*, solo se adormece cuando dejamos de confiar en ella. Aquí tienes algunas maneras de volver a conectar:

Aprende a escuchar el cuerpo

Tu intuición rara vez se expresa con palabras. Es una sensación en el estómago, un escalofrío en la piel, un nudo en la garganta. Cuando algo no vibra contigo, lo sientes. Cuando algo es para ti, lo sabes. Empieza a notar cómo responde tu cuerpo ante diferentes situaciones y personas.

Silencio y presencia

La intuición no compite con el ruido mental. Si siempre estás distraído, si no te das espacios de calma, es difícil escucharla. Practica estar en silencio, sin estímulos, aunque sea unos minutos al día. No necesitas meditar en posturas complejas, basta con cerrar los ojos y preguntarte: «¿Cómo me siento con esto?». Y dejar que la respuesta llegue sin forzarla.

Recuerda las veces que la ignoraste y luego tuviste razón

Seguro que en más de una ocasión tu intuición te advirtió de algo y no la escuchaste. Repasa esos momentos. ¿Cómo te sentiste? ¿Qué señales recibiste? Identificarlas te ayudará a reconocerlas cuando vuelvan a aparecer.

Confía en los pequeños impulsos

A veces la intuición no nos habla de grandes decisiones, sino de cosas pequeñas: «Llama a esta persona», «no tomes este camino hoy», «ve a ese lugar». Empieza a seguir esos impulsos y observa qué pasa. La intuición se fortalece con la práctica.

Ejercicios para desarrollar tu intuición

Si sientes que tu intuición está dormida o quieres fortalecerla, aquí tienes algunas prácticas sencillas pero poderosas. Recuerda que la intuición no se trata de acertar siempre, sino de aprender a escuchar sin dudar de ti mismo.

Estos son ejercicios para desarrollar tu intuición:

Diario de la intuición

- Cierra los ojos y respira hondo.
- Frente a ti, coloca varios objetos pequeños (cristales, cartas, papeles con palabras, hierbas...).
- Pasa las manos sobre ellos sin tocarlos, sintiendo su energía.
- Cuando sientas una sensación de atracción, calidez o cosquilleo, elige ese objeto.
- Luego, ábrelo o míralo y reflexiona sobre su mensaje. ¿Por qué crees que tu intuición te llevó hasta él?

Puedes hacer este ejercicio con cualquier cosa: elegir una carta del tarot sin verla, seleccionar un color de vela para un ritual o incluso con opciones del día a día, como qué libro leer o qué camino tomar.

Pregunta y escucha la primera respuesta

Muchas veces, nuestra intuición responde de inmediato, pero la razón interviene y empezamos a dudar.

Cierra los ojos y hazte preguntas sencillas:

- ¿Qué necesito hoy?
- ¿Qué camino debo tomar en esta decisión?
- ¿Debería decir que sí o que no a esta oportunidad?

Permítete recibir la primera respuesta que llegue, sin analizarla demasiado. No esperes escuchar una voz fuerte en tu cabeza; muchas veces, la intuición se manifiesta como una sensación en el cuerpo, una imagen fugaz o una palabra breve que aparece en tu mente.

Paseo intuitivo

Este es un ejercicio divertido y efectivo para confiar en tu instinto en el momento presente. Te ayudará a fortalecer la confianza en tu propia guía interna y demostrarte que la intuición también puede usarse en lo cotidiano.

Sal a caminar sin una ruta definida. En cada cruce, en lugar de elegir por lógica, escucha tu intuición. Pregúntate: «¿Izquierda o derecha?» y sigue la primera sensación que tengas. Observa a dónde te lleva el camino y si descubres algo inesperado en el trayecto.

TUS GUÍAS ESPIRITUALES

¿Alguna vez has sentido que no estás completamente solo, que hay algo o alguien que te acompaña incluso en los momentos de mayor silencio? Esa sensación de protección, de recibir un mensaje en el momento justo o de encontrar respuestas sin saber cómo... puede ser la presencia de tus guías espirituales.

Desde siempre, muchas tradiciones han hablado de seres que nos acompañan en nuestro camino, ayudándonos a crecer, aprender y enfrentar los desafíos de la vida. Pero no son solo presencias etéreas o figuras místicas lejanas; son energía que nos rodea, nos observa y que, sobre todo, nos guía.

¿QUIÉNES SON LOS GUÍAS ESPIRITUALES?

Los guías no son solo una única entidad. Existen muchos tipos de guías espirituales y cada persona puede conectar con diferentes según su historia, su energía y su camino. Algunos están con nosotros desde que nacemos, otros aparecen solo en determinados momentos de nuestra vida, cuando los necesitamos.

Pueden presentarse de distintas formas:

- Ancestros: seres de nuestra familia que han trascendido y nos acompañan desde otro plano. No siempre tienen que ser familiares directos; pueden ser antepasados lejanos cuya energía resuena con la nuestra.

- Animales de poder: espíritus de animales que nos aportan sus características y nos protegen en momentos clave. Tal vez desde siempre sientes una conexión con los lobos, los búhos o los cuervos… Puede ser que su energía te guíe.

- Seres ascendidos y maestros espirituales: dependiendo de cada creencia, pueden ser guías de luz, seres iluminados que han alcanzado un nivel de conciencia superior y nos ayudan en nuestro despertar espiritual.

- Energías o entidades espirituales: en algunas creencias, los ángeles, elementales o incluso entidades más oscuras pueden actuar como guías. No todos los guías son «luminosos» en el sentido tradicional; algunos nos confrontan con nuestras sombras para que aprendamos a crecer. Aquí es importante entender que no se trata de seres que buscan hacernos daño, sino de energías que nos impulsan a evolucionar.

¿LOS GUÍAS CAMBIAN CON EL TIEMPO?

Sí. Hay guías que nos acompañan toda la vida y otros que aparecen solo en ciertos momentos, cuando necesitamos una enseñanza específica.

Pueden ser presencias temporales que vienen, nos enseñan algo y que luego se retiran para dejar espacio a nuevas experiencias.

Algunos nos acompañan en nuestra infancia y desaparecen cuando alcanzamos una etapa de madurez. Otros llegan en momentos de crisis o transformación.

Lo importante no es aferrarse a ellos, sino aprender de su presencia y confiar en que siempre habrá alguien guiándonos, incluso si no lo percibimos de inmediato.

Conecta con tus guías

En ocasiones esperamos que los guías nos hablen con una voz clara o nos den señales evidentes, pero su comunicación es sutil, casi como un susurro en el viento. No están para darnos todas las respuestas de forma inmediata, sino para guiarnos a descubrirlas por nosotros mismos.

Entonces, ¿cómo podemos abrir ese canal de comunicación?

Háblales en voz alta. Esto puede parecer simple, pero es una de las formas más efectivas de conectar con ellos. Al hablar en voz alta, expresamos nuestra intención de querer comunicarnos y ellos lo perciben con mayor claridad. Cuéntales tu día, hazles preguntas, comparte tus pensamientos. Aunque al principio sientas que hablas solo, con el tiempo empezarás a notar respuestas en formas inesperadas.

Crea un espacio sagrado. Un pequeño altar con velas, incienso, fotos de ancestros o símbolos que representen tu espiritualidad puede ayudar a fortalecer la conexión.

Escucha con atención. No esperes que te respondan con palabras audibles. Sus mensajes llegan en forma de intuiciones, sensaciones, sincronicidades y señales que parecen casuales, pero que en realidad están ahí por algo.

LAS SEÑALES DE LOS GUÍAS

Los guías encuentran formas de hacernos saber que están con nosotros. Algunas señales más comunes incluyen:

- Plumas en lugares inesperados: señal de que estás siendo acompañado y protegido.
- Canciones con un mensaje claro: letras que parecen hablar directamente de lo que estás sintiendo o pensando en ese momento.
- Sensaciones físicas: piel erizada sin razón aparente, una corriente de aire cuando no hay ventanas abiertas, un toque sutil en el hombro…
- Sueños y visiones: a veces, los guías nos visitan en sueños para transmitirnos un mensaje más claro.
- Números espejo: mensajes que indican alineación, cambios, protección o confirmación de que estás en el camino correcto.

LAS HORAS ESPEJO

Reflejan mensajes directos del universo y de nuestros guías espirituales. Cada una tiene un significado especial y puede traerte una confirmación, un aviso o una oportunidad de introspección.

Renacimiento y conexión total

Un ciclo termina y otro comienza. Esta hora es un portal energético que te recuerda que todo es posible si alineas tu intención con el universo. También puede simbolizar la oportunidad de reiniciar, de soltar lo viejo y abrazar lo nuevo.

Nuevos comienzos y liderazgo

Es un llamamiento a confiar en ti mismo. Algo importante está por iniciarse en tu vida y necesitas mantenerte firme en tu camino. El universo te empuja a tomar las riendas y creer en tu potencial.

Equilibrio y dualidad

Un recordatorio de que todo en la vida necesita armonía. Es posible que estés entre dos opciones, que debas encontrar un punto medio o que alguien cercano a ti esté pensando en ti en este momento.

Expansión y crecimiento espiritual

Señal de que estás evolucionando espiritualmente. Es el momento de abrirte a nuevas formas de aprendizaje y confiar en que el camino se aclarará. Puede indicar también que tus guías escuchan tus pensamientos y emociones.

Protección y estabilidad

Tus guías te rodean y te protegen. Si has estado sintiendo incertidumbre o miedo, esta hora confirma que no estás solo y que la energía que te acompaña es fuerte. Mantente firme en tus convicciones.

Cambio y transformación

Algo en tu vida está por cambiar de manera significativa. Puede ser una transformación interna o un giro inesperado en tu entorno. Confía en el proceso, aunque en un inicio parezca difícil.

Armonía y amor propio

Es un recordatorio de cuidar tu bienestar emocional. Prioriza tu energía, pon límites cuando sea necesario y trabaja en construir una relación más amorosa contigo mismo.

Despertar espiritual y conexión con la intuición

Tus dones espirituales se están activando. Esta hora es una invitación a prestar atención a tu intuición, a las señales y a los mensajes que llegan a través de sueños o sincronicidades.

Abundancia y poder personal

Un mensaje claro de prosperidad y crecimiento. Si tienes proyectos en mente, este es el momento de impulsarlos con confianza. La abundancia está fluyendo hacia ti, pero es importante que creas que la mereces.

Cierre de ciclos y evolución

Algo debe finalizar para que puedas avanzar y el universo te lo está contando, así que suelta el pasado y permítete evolucionar hacia algo mejor.

Apertura de caminos y nuevas oportunidades

Esta hora indica que las puertas que necesitas se están abriendo, que todo en lo que has estado trabajando comienza a alinearse, pero también es una llamada a mantenerte receptivo.

Portal de manifestación y conexión con el universo

Es uno de los números más poderosos. Representa la alineación total con el universo y la confirmación de que tus pensamientos y energía están creando tu realidad. Todo lo que deseas ya está en camino.

Elevación espiritual y crecimiento interior

Indica que estás en un proceso de expansión de consciencia. Es una llamada a confiar en que lo que estás experimentando te lleva a un nivel superior de entendimiento.

Transformación profunda

Los cambios pueden generar miedo, pero esta hora te indica que estás en un proceso de transformación necesario. Aunque sea un instante de incertidumbre, el resultado será positivo.

Oportunidades en el amor y en el trabajo

Se trata de una señal para seguir seguir adelante con confianza. Puede indicar un crecimiento en tus relaciones o una nueva oportunidad laboral que te traerá estabilidad.

Pasión y energía creativa

Es un llamamiento a conectar con aquello que te apasiona y a permitirte explorar nuevas formas de expresión. También puede señalar que un deseo profundo está por cumplirse.

Reconstrucción y sanación

Si has estado atravesando momentos difíciles, esta hora indica que la recuperación está cerca. Es un momento para soltar, sanar y renovarte desde dentro.

Suerte y alineación con tu propósito

Algo positivo está en camino. Esta hora revela que el universo está alineando situaciones a tu favor, siempre y cuando te mantengas en sintonía con tu verdad.

Conexión con la intuición y estabilidad emocional

Es un recordatorio de que debes confiar en lo que sientes. Más fuerte que nunca, la intuición te está guiando hacia un camino de equilibrio y paz.

Finalización de un ciclo y renacimiento

Se acerca un cambio importante en tu vida. Es momento de soltar lo que ya no encaja contigo y prepararte para una nueva etapa.

Paciencia y equilibrio emocional

No te desesperes si todavía no ves los resultados que esperas, ya que las cosas están sucediendo en el momento perfecto. Confía en el proceso.

Éxito y reconocimiento

Algo que has estado construyendo con esfuerzo comenzará a dar frutos. Es un mensaje relacionado con seguir adelante porque el éxito está más cerca de lo que imaginas.

Alineación y propósito de vida

Es un número maestro que indica que estás en el camino correcto; una señal clara de que tu propósito se está manifestando y de que debes confiar en que el universo está guiando cada paso.

Despertar espiritual y evolución personal

Indica que tu intuición y tu energía están en un proceso de transformación y despertar. ¡Es hora de ser consciente de tu propia sabiduría!

¿Cómo usarlas?

1. Diario de sincronicidades

¿Has visto una hora espejo? Escríbelo y anota también lo que estabas pensando en ese momento, qué hacías, por dónde ibas... Así podrás interceptar patrones y mensajes con más claridad.

2. Meditación y visualización

Usa la energía de la hora espejo para enfocarte en tus intenciones. Para ello, cierra los ojos y visualiza lo que deseas atraer a tu vida.

3. Preguntas a tus guías

¿Estás viendo una hora espejo con frecuencia? Entonces, reserva un momento para cerrar los ojos y preguntar: «¿Qué mensaje tienen para mí?». Escucha tu intuición y presta mucha atención a las señales.

3

Despierta tu magia

Encuentra
tu propio
sendero

Si has llegado hasta aquí, es porque sientes que la magia te llama. Tal vez llevas tiempo explorando diferentes caminos o quizá aún no sabes por dónde empezar y eso está bien. Encontrar tu sendero mágico no es una carrera ni un destino final, sino *un viaje de autodescubrimiento*.

Durante mucho tiempo, pensé que la magia debía seguir reglas estrictas, que había un solo camino correcto y que, si no encajaba en él, no estaba haciendo magia de verdad. Pero con el tiempo comprendí que la magia debe adaptarse a ti, no tú a ella.

En mi búsqueda, pasé por muchas corrientes y creencias. Crecí en un entorno cristiano no practicante y por un tiempo creí que ese era el único camino. Pero algo dentro de mí no encajaba. «¿Cómo es posible que en una historia tan vasta como la de la humanidad solo exista una verdad?», me preguntaba. Y eso me llevó a investigar religiones y sistemas de creencias de distintas partes del mundo.

Mi curiosidad me llevó al satanismo por pura rebeldía, como un desafío a lo que me habían enseñado, pero pronto entendí que no resonaba conmigo. Luego exploré la Wicca, y, aunque me pareció fascinante, algo dentro de mí me decía que no era mi camino. Entonces me sumergí en el paganismo, en las creencias antiguas y politeístas, y con el tiempo me encontré en la brujería del caos, complementada con las corrientes celtas y nórdicas.

Mi práctica es una mezcla de todo lo que ha resonado conmigo a lo largo de los años. No llegué a ella de un día para otro, sino que la exploración comprende más de diez años de aprendizaje, exploración y cuestionamiento. Ante todo, quiero que recuerdes que *no necesitas tener todas las respuestas ahora mismo*.

La magia no es un molde en el que debes encajar;
es un río en constante movimiento.

LOS DIFERENTES CAMINOS EN LA PRÁCTICA MÁGICA

Existen muchas formas de vivir la magia y todas son válidas. No tienes que elegir una sola ni sentir que debes encasillarte. Estos son algunos ejemplos que pueden ayudarte a entender por dónde empezar:

- Brujería tradicional: basada en la transmisión de conocimientos de generación en generación, es una magia con raíces en la historia familiar, en culturas específicas o incluso de tu territorio. Muchas personas la practican como un legado de sus ancestros.

- Magia natural: enfocada en la conexión con los elementos, las plantas, los ciclos lunares y la energía de la Tierra. Si sientes afinidad por la naturaleza y sus ritmos, esta puede ser tu vía de exploración.

- Magia del caos: se basa en la experimentación y la ausencia de reglas rígidas. Quienes la practican agarran lo que les sirve de distintas corrientes y crean su propia práctica. Si no te gustan las estructuras fijas, es un tipo de magia perfecta para ti.

- Alta magia o magia ceremonial: trabaja con rituales formales, invocaciones y conocimientos esotéricos complejos. Este enfoque incluye prácticas como la cábala, la alquimia y la astrología avanzada.

- Magia simpática: se basa en la idea de que «lo similar atrae a lo similar». Usa amuletos, símbolos, sigilos y representaciones para conectar con la energía de lo que se desea atraer.

- Magia ecléctica: es la más flexible de todas: no sigue un solo sistema, sino que toma elementos de varias tradiciones para construir una práctica única y personalizada.

No hay un único camino,
¡y eso es lo maravilloso!

Cuando empecé, me frustraba no sentirme parte de una tradición específica. Probé de todo, intenté encajar en diferentes etiquetas, pero nada terminaba de ser completamente «yo»... hasta que entendí que no tenía por qué elegir un solo camino. No estás obligado a limitarte a una. Tu práctica es tuya y puedes mezclar, cambiar y evolucionar a tu propio ritmo.

Si sientes que no encajas en una categoría, no significa que no seas brujo ni que tu magia no sea real.

La magia tiene que ver con de sentir, experimentar y conectar. Algunos encuentran su camino en una tradición establecida, otros lo crean desde cero. Ambas opciones son válidas.

Lo importante no es el nombre de tu práctica, sino *lo que te hace sentir y cómo resuena contigo*.

Pregúntate y encuéntrate

Tómate un momento para reflexionar
y responde estas preguntas en tu diario mágico.

¿Qué te llevó a interesarte en la magia?
Piensa en ese primer chispazo de curiosidad. ¿Fue una experiencia personal, un libro, una persona, un sueño?

¿Qué elementos te atraen más dentro de la práctica mágica?
¿La conexión con la naturaleza? ¿La manifestación de deseos? ¿La sabiduría ancestral? ¿El trabajo con símbolos? ¿La adivinación?

¿Qué tipo de energía sientes más natural en tu práctica?
¿Te atraen los rituales estructurados o prefieres improvisar según lo que sientes en el momento?

¿Cómo disfrutas aprendiendo sobre magia?
¿Leyendo textos antiguos? ¿Experimentando? ¿Siguiendo tradiciones familiares? ¿Escuchando a otros practicantes?

¿Qué tipo de herramientas te llaman la atención?
Cristales, hierbas, sigilos, velas, tarot, runas, amuletos, rituales con los elementos... Observa si hay algún patrón en lo que te atrae.

¿Prefieres trabajar en solitario o compartir tu práctica con otros?
Algunas personas se sienten más conectadas practicando solas, mientras que otras disfrutan la energía de los rituales grupales. ¿Cómo te sientes tú?

Si pudieras describir la magia en una sola palabra, ¿cuál sería?
Esta pregunta te ayuda a entender qué significa la magia para ti en este momento de tu vida.

LA INTENCIÓN

La magia no está en un libro antiguo, en una varita consagrada o en un altar perfectamente decorado. La magia eres tú. Está en tu energía, en tus pensamientos, en tu voluntad y en la forma en que decides moverte en el mundo.

Si hay algo que he aprendido con los años es que la magia no es algo que haces, sino algo que eres.

> Cada palabra que pronuncias, cada acción que tomas, cada emoción que sostienes está influyendo en tu realidad. Y esto es una gran responsabilidad porque significa que tienes el poder de cambiar las cosas.

A veces, nos sentimos atrapados en situaciones que parecen fuera de nuestro control. Nos convencemos de que así son las cosas, de que no podemos hacer nada o de que la vida simplemente nos sucede. Pero, cuando entiendes tu propia esencia, te das cuenta de que tienes mucho más poder del que crees.

Y es ahí donde radica el verdadero poder: en *la intención*.

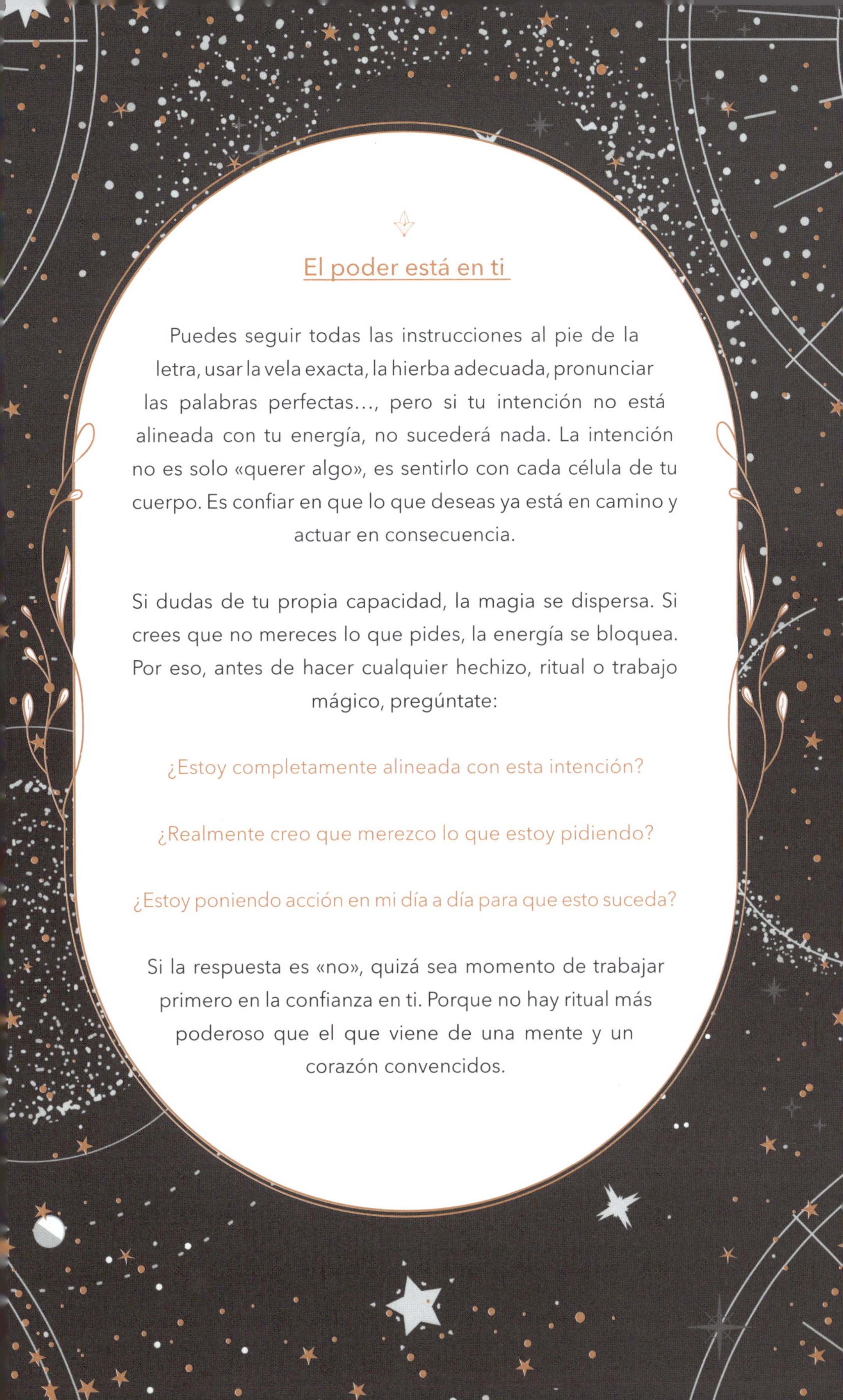

El poder está en ti

Puedes seguir todas las instrucciones al pie de la letra, usar la vela exacta, la hierba adecuada, pronunciar las palabras perfectas..., pero si tu intención no está alineada con tu energía, no sucederá nada. La intención no es solo «querer algo», es sentirlo con cada célula de tu cuerpo. Es confiar en que lo que deseas ya está en camino y actuar en consecuencia.

Si dudas de tu propia capacidad, la magia se dispersa. Si crees que no mereces lo que pides, la energía se bloquea. Por eso, antes de hacer cualquier hechizo, ritual o trabajo mágico, pregúntate:

¿Estoy completamente alineada con esta intención?

¿Realmente creo que merezco lo que estoy pidiendo?

¿Estoy poniendo acción en mi día a día para que esto suceda?

Si la respuesta es «no», quizá sea momento de trabajar primero en la confianza en ti. Porque no hay ritual más poderoso que el que viene de una mente y un corazón convencidos.

Practica tu magia: mejora y eleva tu energía en el día a día

Tu energía es tu mayor herramienta. Si tu campo energético está bajo, no importa cuántos rituales hagas, cuántas velas prendas o cuántas afirmaciones repitas. Todo empieza en ti.

Por la mañana:

- Antes de mirar el móvil, respira hondo y pon una intención para tu día.
- Si puedes, mira la luz del sol unos segundos (aunque sea desde la ventana).
- Bebe agua con intención: imagina que limpia tu energía y te llena de vitalidad.
- Haz estiramientos o movimientos conscientes para activar tu cuerpo.

Durante el día:

- Usa amuletos o cristales que te ayuden a sostener tu energía.
- Escucha música que te eleve.
- Evita conversaciones o noticias que te drenen.
- Si te sientes cargado, lávate las manos con agua y sal, o pasa un poco de incienso por tu aura.

Por la noche:

- Antes de dormir, agradece al menos tres cosas del día.
- Si el día fue pesado, visualiza cómo dejas toda esa energía atrás.
- Pon un vaso de agua con sal cerca de tu cama para absorber energías densas.
- Si tienes sueños intensos, anótalos. Muchas veces, son mensajes de tu subconsciente.

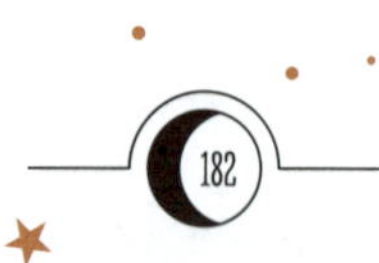

Tu energía es sagrada.
Cuídala como cuidarías un
jardín: riégala, nutre tu suelo,
saca las malas hierbas y deja
que el sol la fortalezca.

Rituales y hechizos

Los rituales son la forma en la que damos estructura y dirección a nuestra energía. Son actos simbólicos que canalizan nuestra intención y nos permiten manifestar cambios en nuestra realidad. Sin embargo, hacer un ritual no es simplemente encender una vela y pedir un deseo: *requiere preparación, conciencia y alineación energética*.

Vamos a explorar cómo preparar un ritual correctamente, qué debemos tener en cuenta antes de realizarlo y *algunos tips* esenciales para asegurar su efectividad.

CÓMO REALIZARLOS

1. Antes de un ritual

Tu estado mental, emocional y físico influye directamente en el resultado de un ritual, así que es fundamental preparar tu energía. Piensa que no puedes manifestar abundancia si te sientes en carencia total, ni hacer un hechizo de amor si no te sientes en armonía contigo mismo.

Algunas prácticas para elevar tu energía antes de un ritual son:

- Respiración consciente: tómate unos minutos para inhalar profundo y exhalar lentamente. Con cada respiración, visualiza cómo te llenas de luz y liberas cualquier bloqueo energético.

- Meditación breve: no tiene que ser algo complejo. Cierra los ojos y, poco a poco, conecta con tu intención. Visualiza cómo tu energía se expande y se sintoniza con el propósito del ritual.

- Baño energético: tomar un baño con sal, hierbas o esencias naturales antes de un ritual puede ayudarte a limpiar cualquier energía densa y entrar con una vibración más elevada.

- Movimiento físico: si sientes que tu energía está baja, puedes hacer unos estiramientos, danzar o simplemente sacudir el cuerpo para desbloquear cualquier tensión acumulada.

2. La importancia de los elementos

Cada ritual tiene un propósito y, por lo tanto, cada elemento que uses debe estar en armonía con ese propósito. Más que de seguir recetas mágicas al pie de la letra, se trata de entender por qué se usa cada componente.

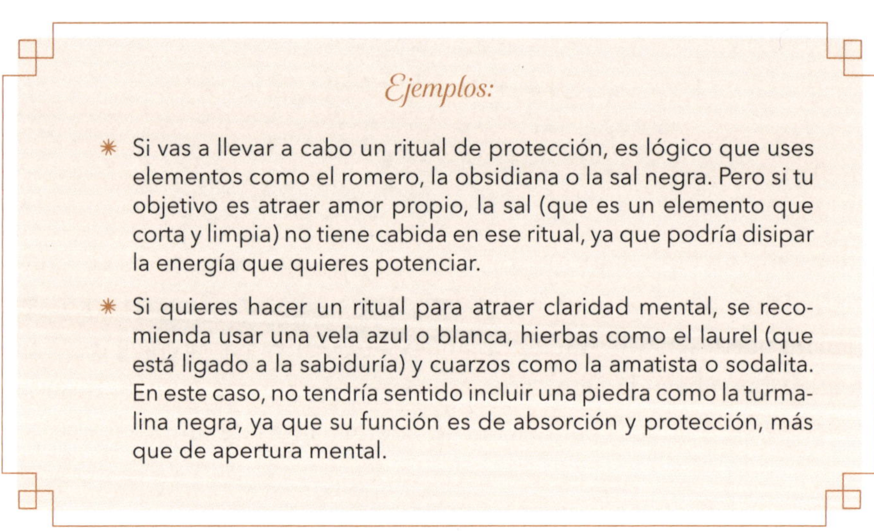

Ejemplos:

- Si vas a llevar a cabo un ritual de protección, es lógico que uses elementos como el romero, la obsidiana o la sal negra. Pero si tu objetivo es atraer amor propio, la sal (que es un elemento que corta y limpia) no tiene cabida en ese ritual, ya que podría disipar la energía que quieres potenciar.
- Si quieres hacer un ritual para atraer claridad mental, se recomienda usar una vela azul o blanca, hierbas como el laurel (que está ligado a la sabiduría) y cuarzos como la amatista o sodalita. En este caso, no tendría sentido incluir una piedra como la turmalina negra, ya que su función es de absorción y protección, más que de apertura mental.

El secreto está en *entender la energía de cada elemento* y saber elegirlo en función del propósito del ritual.

3. La preparación es clave

Como hemos visto, el estado en el que te encuentras al hacer un ritual influye en su resultado. No es recomendable ponerlo en marcha si te sientes agotamiento, distracción, dudas…

Algunas recomendaciones son:

- Evita hacer rituales sin preparación previa: tómate un segundo para pensar qué necesitas y cómo lo vas a realizar.
- Asegúrate de estar en un estado energético adecuado: si no te sientes en sintonía, mejor espera a otro momento.
- Hazlo con intención: siente cómo cada palabra está impregnada de tu propósito.

4. Limpieza energética después de un ritual

Aunque no siempre es necesario hacer una limpieza después de un ritual, existen algunos casos en los que sí:

- Si involucra cortar lazos energéticos o eliminar bloqueos.
- Si estás haciendo un trabajo para alguien más y no quieres cargar con su energía.
- Si has usado elementos de protección y sientes que necesitas descargarte después.

Formas sencillas de limpiarte después de un ritual:

- Agua con sal: puedes pasar tus manos por un cuenco con agua y sal y luego enjuagarlas para soltar cualquier energía residual.
- Humo de hierbas: pasarte romero, salvia o palo santo por el cuerpo ayuda a limpiar la energía.
- Conexión con la naturaleza: caminar descalzo sobre la tierra o simplemente salir a respirar aire fresco te ayuda a descargar la energía densa.

¿Por qué no ha funcionado mi ritual?

Si alguna vez has hecho un ritual y no has visto resultados, es posible que haya algo que no esté alineado.

Razones por las que un ritual puede fallar:

- Duda o falta de confianza: si mientras realizas el ritual piensas: «Esto no va a funcionar», estás bloqueando la energía. La fe en lo que haces es fundamental.
- No haber preparado tu energía antes: un ritual hecho desde la desesperación, la frustración o el miedo es menos efectivo que uno hecho con calma y claridad.
- Mala elección de elementos: asegúrate de que todo lo que usas esté en sintonía con el propósito del ritual.
- Expectativas irreales: un ritual no va a resolverlo todo de la noche a la mañana. Es una herramienta de canalización, pero también debes hacer tu parte en el mundo físico.
- No soltar la intención: una vez que has hecho el ritual, confía. Si te obsesionas con el resultado, es como plantar una semilla y desenterrarla cada día para ver si ha crecido.

Las herramientas, las velas, los cristales... Todo eso es un apoyo, pero la verdadera magia viene de dentro de ti. Un ritual no es más que un acto simbólico que refuerza tu intención, pero la energía que lo impulsa nace de ti.

Así que no te preocupes por tener todos los elementos perfectos o seguir cada paso al pie de la letra. Lo más importante es que pongas tu intención y tu poder personal en cada cosa que hagas.

Ahora que ya tienes las bases claras sobre cómo preparar y ejecutar un ritual, vamos a explorar algunos rituales que puedes empezar a poner en práctica. Desde rituales de abundancia hasta limpiezas energéticas, aquí encontrarás herramientas para fortalecer tu camino mágico. En la parte superior de cada página encontrarás un símbolo que representa el tipo de ritual.

- Rituales de limpieza y protección
- Rituales de abundancia y apertura de caminos
- Magia *glamour* y endulces
- Rituales de conexión espiritual

SAL NEGRA (RECETA PERSONAL)

MATERIAL:

* Cáscara de huevo
* Romero
* Salvia
* Ruda
* Laurel
* Pimienta negra o cayena
* Cascara de ajo
* Palo santo
* Sal fina
* Corteza de árbol
* Una vela negra (opcional)

USOS:

* Creación de barreras protectoras
* Rituales de destierro
* Limpieza y purificación
* Ruptura de hechizos o trabajos de magia dañina
* Protección personal
* Cierre de ciclos

La sal negra es una de esas herramientas mágicas que no puede faltar. Hay muchas maneras de hacerla y cada persona le da su toque especial, pero esta es mi versión, la que yo utilizo y preparo. Lo importante al hacerla es recordar que no es solo una mezcla de ingredientes, sino una combinación de energías con un propósito claro: limpiar, proteger y repeler lo que no queremos cerca.

Cuando me dispongo a prepararla, lo primero que hago es encender una vela negra. No es obligatorio, pero me gusta porque siento que me ayuda a concentrarme y a dirigir la intención del trabajo. La sal negra no es solo un polvo oscuro; es un escudo energético que nos rodea y cada ingrediente tiene su razón de estar ahí.

Después, trituro cáscara de huevo hasta reducirla a polvo (en muchas tradiciones se ha usado como símbolo de protección y purificación, como una barrera energética que bloquea influencias no deseadas).

Tras esto, enciendo mi caldero (o una sartén) y comienzo a quemar el romero, la salvia, la ruda, el laurel y la corteza (de cualquier árbol).

Mientras arden, el humo envuelve el espacio y ya se empieza a sentir la energía de purificación. La pimienta negra o la cayena y la cáscara de ajo las agrego en este punto porque son las que dan ese toque de barrera fuerte, como una especie de muro energético que aleja lo que no debe estar cerca y desterrar energías densas.

El palo santo es diferente. No lo quemo en la mezcla, sino que raspo un poco de la parte negra que ya ha sido encendida en otro momento. Me gusta hacerlo así porque su energía no solo limpia, sino que también eleva, y así no pierde su esencia.

Cuando ya tengo las cenizas listas, vuelvo al mortero. Aquí es cuando todo empieza a unirse. Trituro las cenizas con calma, dejando que los ingredientes se mezclen entre sí y, cuando siento que ya tienen una textura uniforme, agrego la sal. Prefiero la fina porque se integra mejor con las cenizas y permite que la mezcla sea más uniforme, pero si prefieres una textura más granulada, la sal gruesa también puede funcionar.

Mientras remuevo la mezcla, lo hago con intención y repito: *«Que esta sal negra absorba y disuelva lo que no me pertenece, que proteja mi espacio y mi energía, y que mi camino esté siempre limpio y despejado».*

Si la guardas en un frasco hermético y en un lugar seco, la sal negra puede durar años sin perder su potencia, lista para ser usada cuando la necesite.

BURBUJA PROTECTORA

USOS:

- Protección energética
- Mantenimiento de la armonía
- Escudo ante ataques psíquicos y energías densas
- Fortalece la conexión
- Antes de rituales intensos
- Refuerza la confianza de tu energía

La burbuja protectora es una de las formas más poderosas y accesibles de protección energética. Lo mejor de esta técnica es que no necesitas herramientas físicas: *todo el poder viene de ti*. Es una práctica que combina visualización, intención y energía personal para crear un escudo protector a tu alrededor.

Siempre recomiendo hacerla en un espacio cómodo, donde nadie te interrumpa. Puedes acompañar el momento con una melodía relajante, incienso o cualquier elemento que te ayude a entrar en sintonía.

Comienza cerrando los ojos y toma varias respiraciones profundas y conscientes. Inhala lentamente, sostén el aire unos segundos y exhala con calma. Siente cómo con cada exhalación, tu cuerpo se relaja más y más. Ahora, junta las palmas de tus manos y frótalas suavemente. Siente el calor que empieza a generarse entre ellas: esa es tu propia energía manifestándose. Cuando notes la calidez, sepáralas poco a poco, imaginando que entre ellas se forma una esfera de luz. No tengas prisa, deja que la energía fluya de forma natural. Pregúntate: ¿de qué color es mi burbuja? ¿Cómo la sientes? Puede ser una esfera brillante, una red de luz, una burbuja con destellos eléctricos o incluso un escudo con reflejos metálicos. No hay una única forma correcta; *tu energía sabe lo que necesitas*.

A medida que visualizas y expandes esta esfera, levanta las manos poco a poco por encima de tu cabeza, permitiendo que crezca y te envuelva por completo. Imagina que se convierte en una burbuja protectora a tu alrededor, creando un límite claro entre tú y el exterior. Si sientes que necesitas reforzarla, puedes visualizarla con una textura más resistente, con capas de luz o con una vibración especial.

Cuando sientas que tu burbuja está completamente formada, tómate un momento para reconocer su presencia. Siente cómo te resguarda y cómo te separa de cualquier energía densa o ajena a ti. Respira dentro de ella, siente la paz y la seguridad que te ofrece.

Para cerrar la práctica, simplemente haz una última respiración profunda y decreta mentalmente o en voz alta: *«Estoy protegido, mi energía está en equilibrio y nada que no me pertenezca puede afectarme».*

Esta técnica es una de mis favoritas porque nos recuerda que no siempre necesitamos herramientas externas para hacer magia. Nuestro propio cuerpo, nuestra energía y nuestra intención son más que suficientes para crear protección y resguardo.

LIMPIEZA DE HUEVO

MATERIAL:

- Un huevo de gallina
- Un vaso de cristal transparente
- Sal negra o pimienta
- Agua
- Palo santo, romero o salvia para sahumar

USOS:

- Elimina energías densas
- Limpieza después de un ritual
- Alivia malestar desbloqueador energético

La limpieza con huevo es una de esas prácticas ancestrales que han pasado de generación en generación por una razón: funciona. No solo *ayuda a eliminar energías densas*, sino que también *nos da una visión clara de bloqueos o influencias externas* que pueden estar afectándonos.

No hace falta una gran preparación previa, pero sí es importante que te tomes un momento para centrarte y estar en un espacio tranquilo, sin interrupciones.

Lo primero es tomar un huevo de gallina, a temperatura ambiente, y sostenerlo entre tus manos. Cierra los ojos y visualiza cómo se convierte en un canal de absorción, una esponja energética que recogerá cualquier carga innecesaria. Empieza el recorrido desde la cabeza hasta los pies. Imagina que el huevo es una escoba, barriendo lo que ya no necesitas.

Y aquí un detalle importante: una vez que el huevo ha pasado por una zona del cuerpo, no debe volver a subir. Piensa en cómo barres el suelo; si recoges polvo y lo empujas de nuevo hacia atrás, ensucias lo que ya habías limpiado. Lo mismo ocurre con la energía.

Presta especial atención a ciertas zonas clave:

- Cabeza y cuello: aquí se acumulan preocupaciones, tensiones y pensamientos que pueden estar drenando tu energía.
- Axilas y muñecas: son puntos de entrada y salida energética que pueden retener bloqueos.
- Ingles y plantas de los pies: son la conexión con la tierra, el arraigo, todo lo que te sostiene y te permite avanzar.

La razón por la que el huevo es tan eficaz en este proceso es su composición. Su cáscara está llena de microporos capaces de absorber energía, funcionando casi como una esponja.

Cuando termines el proceso, rompe el huevo dentro de un vaso con agua. Puedes hacerlo en un vaso común o, si lo prefieres, en un frasco con tapa (yo lo prefiero). ★

Para completar la limpieza, añade una buena cantidad de sal negra o pimienta al frasco y agítalo con fuerza. Esto ayudará a remover y neutralizar cualquier energía atrapada. Después, viértelo en el retrete y tira de la cadena, preferiblemente de espaldas, como un gesto simbólico de soltar y dejar atrás lo que ya no necesitas.

Si usas un frasco para este ritual de forma habitual, es importante que lo limpies bien después de cada uso. Puedes enjuagarlo con agua y sal o purificarlo con el humo de palo santo, romero o salvia. Cuando no lo estés utilizando, guárdalo en un lugar seguro junto a una turmalina negra, que actuará como un escudo protector, evitando que absorba energías no deseadas entre usos. Dedica este frasco únicamente a este propósito para mantener su función energética limpia y enfocada.

Como toque final, pasa un poco de humo de palo santo, romero o salvia por tu cuerpo para reforzar la protección y sellar tu energía. Si puedes, tómate una ducha caliente después. ¡Es un detalle sencillo pero muy efectivo!

Un consejo: no lo mires desde arriba. Obsérvalo desde los lados porque al hacerlo desde encima del vaso podrías volver a absorber parte de la energía que ha retirado.

TALISMÁN DE ESPINAS

MATERIAL:

- Un cuenco grande con tierra limpia (de jardín, bosque o, en su defecto, tierra comprada sin químicos)
- Un puñado de sal gruesa o marina
- Romero fresco
- Unas gotas de aceite esencial de lavanda o eucalipto
- Agua tibia
- Una vela blanca para acompañar el proceso

USOS:

- Descarga de energías densas acumuladas
- Purificación después de un día cargado
- Protección y equilibrio energético
- Reconexión con la naturaleza
- Preparación para rituales profundos

Para crear este amuleto, lo primero es conseguir espinas de plantas, como las de rosal o zarza. *Asegúrate de manipularlas con cuidado, ya que su propia naturaleza nos recuerda que la protección también tiene su filo.*

Coge una pequeña bolsa de tela negra o roja. Dentro, introduce las espinas y añade un diente de ajo seco. A continuación, coloca hojas secas de ruda y laurel e incorpora un clavo oxidado o alfileres, símbolos de rechazo y bloqueo ante personas que buscan hacer daño.

Antes de cerrar el saco, en un pequeño trozo de papel escribe tu nombre o una frase de protección como: *«Nada que me dañe podrá alcanzarme»*. Si lo deseas, puedes añadir unas gotas de aceite de ruda o romero para potenciar su efecto.

Puedes llevarlo contigo, guardarlo en tu bolso o bolsillo, incluso colocarlo en la entrada de tu hogar para evitar la entrada de malas energías. Si sientes que ha absorbido demasiada carga negativa, puedes quemarlo y hacer uno nuevo cuando lo consideres necesario.

FRASCO DE PROTECCIÓN O *SPELL JAR*

MATERIAL:

- Un frasco de cristal con tapa
- Una vela blanca o negra
- Sal negra
- Romero
- Ruda
- Salvia
- Tres clavos de olor
- Chips de turmalina y obsidiana

USOS:

- Protección personal
- Barrera energética en el hogar
- Amuleto contra envidias, malas energías y ataques
- Protección en viajes o nuevos lugares
- Reforzar la seguridad

Los frasquitos de protección son *una de las formas más prácticas de llevar contigo un escudo energético*.

Primero busca un espacio tranquilo y coloca frente a ti todos los ingredientes. Antes de abrir el frasco, enciende una vela blanca o negra para darle intención a tu trabajo. La luz de la vela simboliza la activación del hechizo y refuerza la protección.

Empieza añadiendo una capa de sal negra en el fondo del frasco. La sal es la base de la protección y actuará como un filtro que absorberá cualquier energía negativa antes de que te alcance.

Luego, incorpora las hierbas: romero, ruda y salvia. Estas plantas han sido utilizadas desde tiempos ancestrales como escudos contra el mal de ojo, influencias externas y vibraciones densas.

A continuación, coloca los tres clavos de olor dentro del frasco. Se dice que el número tres es sagrado en muchas tradiciones mágicas, y los clavos de olor han sido empleados para sellar protecciones y bloquear intenciones negativas enviadas hacia ti.

Después, agrega los chips de turmalina negra y obsidiana.

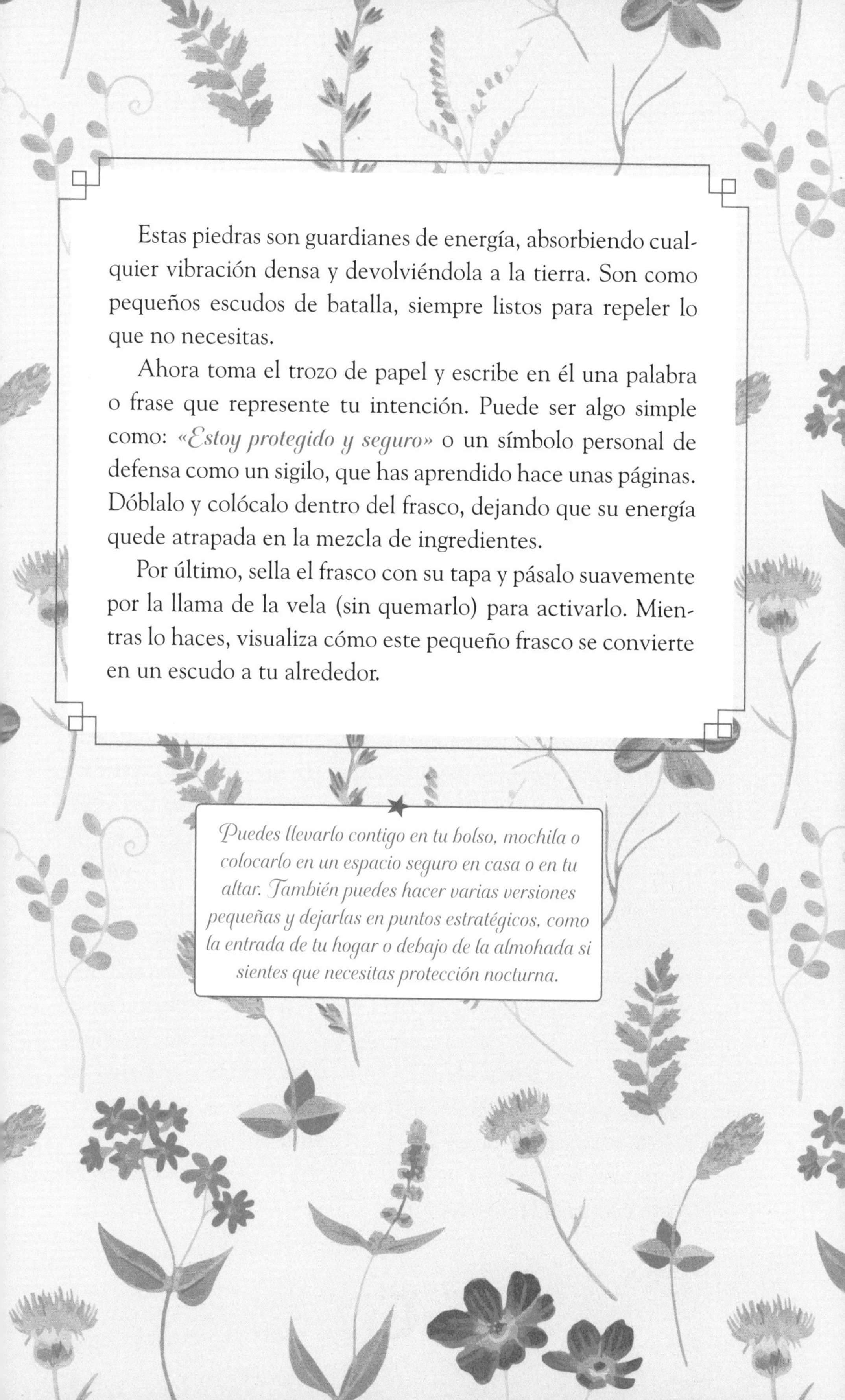

Estas piedras son guardianes de energía, absorbiendo cualquier vibración densa y devolviéndola a la tierra. Son como pequeños escudos de batalla, siempre listos para repeler lo que no necesitas.

Ahora toma el trozo de papel y escribe en él una palabra o frase que represente tu intención. Puede ser algo simple como: *«Estoy protegido y seguro»* o un símbolo personal de defensa como un sigilo, que has aprendido hace unas páginas. Dóblalo y colócalo dentro del frasco, dejando que su energía quede atrapada en la mezcla de ingredientes.

Por último, sella el frasco con su tapa y pásalo suavemente por la llama de la vela (sin quemarlo) para activarlo. Mientras lo haces, visualiza cómo este pequeño frasco se convierte en un escudo a tu alrededor.

Puedes llevarlo contigo en tu bolso, mochila o colocarlo en un espacio seguro en casa o en tu altar. También puedes hacer varias versiones pequeñas y dejarlas en puntos estratégicos, como la entrada de tu hogar o debajo de la almohada si sientes que necesitas protección nocturna.

BAÑO DE TIERRA Y SAL

MATERIAL:

- Un cuenco grande con tierra limpia (de jardín, bosque o, en su defecto, tierra comprada sin químicos)
- Un puñado de sal gruesa o marina
- Romero fresco
- Unas gotas de aceite esencial de lavanda o eucalipto
- Agua tibia
- Una vela blanca para acompañar

USOS:

- Descarga de energías densas acumuladas
- Purificación después de un día cargado
- Protección y equilibrio energético
- Reconexión con la naturaleza
- Preparación para rituales profundos

Este baño no es solo un ritual de limpieza, sino un acto de conexión con la naturaleza y con tu propia energía. *La tierra tiene la capacidad de absorber y transmutar lo que ya no necesitamos, mientras que la sal refuerza su poder de purificación y protección.* Es una forma de soltar, de devolver al suelo cualquier carga que hayamos acumulado en nuestro cuerpo y mente.

Para empezar, prepara tu espacio. Si puedes hacerlo al aire libre, en un jardín o en contacto con la naturaleza, mejor aún. Pero si no, puedes realizarlo perfectamente en tu baño. Coloca el cuenco con la tierra frente a ti y añade la sal gruesa o marina. Con las manos, mezcla ambos elementos mientras respiras hondo, sintiendo la textura y la energía de la tierra entre tus dedos. Añade el romero y, si lo deseas, unas gotas de aceite esencial para potenciar el efecto relajante del ritual.

Ahora, descalzo, coloca los pies dentro del cuenco y deja que la mezcla te cubra la planta de los pies.

Si es posible, también pásate un poco de esta mezcla por las manos y antebrazos. Cierra los ojos y visualiza cómo todo aquello que no necesitas —pensamientos densos, emociones pesadas, cargas energéticas— se va drenando a través de tu piel, bajando hasta la tierra que tienes debajo.

Quédate en este estado unos minutos. Respira con calma y siente la descarga energética.

Una vez acabes, sacúdete la tierra de la piel y enjuágate los pies y las manos con el agua tibia.

Para finalizar, enciende la vela blanca como símbolo de renovación y protección. Si estás al aire libre, puedes devolver la tierra al suelo como un gesto de gratitud. Si lo has hecho en casa, puedes depositarla en una maceta o en un jardín cercano.

LOS NUEVE NUDOS

MATERIAL:

- Una vela dorada o amarilla
- Una llave (preferiblemente que no uses)
- Cinta dorada
- Hilo de cáñamo

USOS:

- Proteger el hogar contra la escasez
- Atraer prosperidad y éxito
- Abrir caminos y eliminar bloqueos en el ámbito financiero o laboral

Enciende una vela dorada o amarilla para activar la energía de la abundancia y el éxito. Respira profundamente y concéntrate en tu intención.

Toma la cinta dorada y el hilo de cáñamo y sujétalos juntos. Haz nueve nudos a lo largo de la cinta, distribuyéndolos de manera uniforme. Cada vez que hagas uno, concéntrate en un aspecto específico de la abundancia y di en voz alta afirmaciones como:

- *«El universo abre todos los caminos hacia mi éxito».*
- *«Soy merecedor de abundancia y bienestar».*
- *«Todas las puertas se abren ante mí».*
- *«Cada día crezco en fortuna y oportunidades».*
- *«Todo lo que siembro, cosecho en abundancia».*
- *«Nada me detiene, todo fluye a mi favor»*
- *«La llave de la abundancia está en mis manos».*

Cuando termines los nueve nudos, ata la llave en el último nudo, asegurándote de que quede bien sujeta. Visualiza cómo esta llave abre todas las puertas de oportunidades y éxito en tu vida.

Finalmente, cuelga el amuleto en la entrada de tu hogar o en un lugar donde sientas que necesita atraer abundancia.

PLATO DE ABUNDANCIA

MATERIAL:

- Un bol o plato hondo
- Arroz
- Lentejas
- Tres hojas de laurel
- Una estrella de anís
- Una rama de canela
- Tres monedas de curso legal

USOS:

- Prosperidad y estabilidad
- Abundancia del hogar o negocio
- Abrir caminos económicos y desbloquear estancamientos

Elige un bol o plato hondo que sientas especial. Puede ser uno que ya tengas, pero asegúrate de que esté limpio y de que, a partir de este momento, lo destines solo a este propósito, ya que este recipiente será el contenedor de la *energía de prosperidad* que estás a punto de activar.

Coloca una base de arroz y lentejas dentro del bol, permitiendo que los ingredientes se mezclen de manera uniforme. Tanto el arroz como las lentejas han sido símbolos de prosperidad en muchas culturas: el arroz representa la multiplicación y la abundancia, y las lentejas han sido asociadas con la estabilidad financiera y la llegada de oportunidades económicas. Mientras las viertes, visualiza cómo la riqueza fluye en tu vida sin interrupciones ni bloqueos.

Después, acomoda las tres hojas de laurel sobre la mezcla y la estrella de anís colócala en el centro del bol. Su forma estrellada representa la armonía y el equilibrio, ayudando a mantener un flujo estable de riqueza. Luego, añade la rama de canela, imán de prosperidad y buena suerte, y pon las tres monedas sobre la mezcla.

Coloca el plato de la abundancia en un lugar visible de tu hogar, como el salón, la cocina o tu altar personal, para que su energía siga trabajando.

Nota: puedes renovarlo cada mes o en los cambios de estación. Para desechar los ingredientes viejos, puedes esparcirlos en una maceta, tierra, bosque o jardín. Las monedas puedes guardarlas para reutilizarlas en futuros rituales o llevarlas contigo como amuleto.

EL BAÑO DE ORO

MATERIAL:

* Una olla con agua
* Cáscara de naranja
* Dos ramas de canela
* Siete clavos de olor
* Miel
* Pétalos de girasol o caléndula
* Unas gotas de esencia de jazmín

USOS:

* Endulzar la energía personal para abrir caminos
* Potenciar la confianza en recibir oportunidades
* Eliminar bloqueos financieros
* Prosperidad y abundancia en todas sus formas

Llena una olla con agua y ponla a calentar a fuego lento. Este no es solo un baño, es *un llamado a la abundancia*, así que hazlo con intención, disfrutando el proceso.

A medida que el agua comience a templarse, añade los ingredientes uno a uno, sintiendo cómo cada elemento aporta su energía: cáscara de naranja, símbolo de éxito y buena suerte; las dos ramas de canela, cargadas de magnetismo y prosperidad, activan la atracción de dinero y oportunidades; los siete clavos de olor, conocidos por su poder protector y su capacidad de fortalecer la confianza en uno mismo, y una cucharada generosa de miel, el ingrediente estrella para endulzar tu energía y hacer que la abundancia fluya con suavidad.

Deja que la mezcla hierva a fuego lento, permitiendo que los aromas llenen el ambiente con su energía vibrante.

Ahora, incorpora los pétalos de girasol o caléndula, flores solares que iluminan tu camino y potencian la claridad y el optimismo. Finalmente, echa unas gotas de esencia de jazmín, que elevarán tu magnetismo y te ayudarán a conectar con la plenitud y el bienestar.

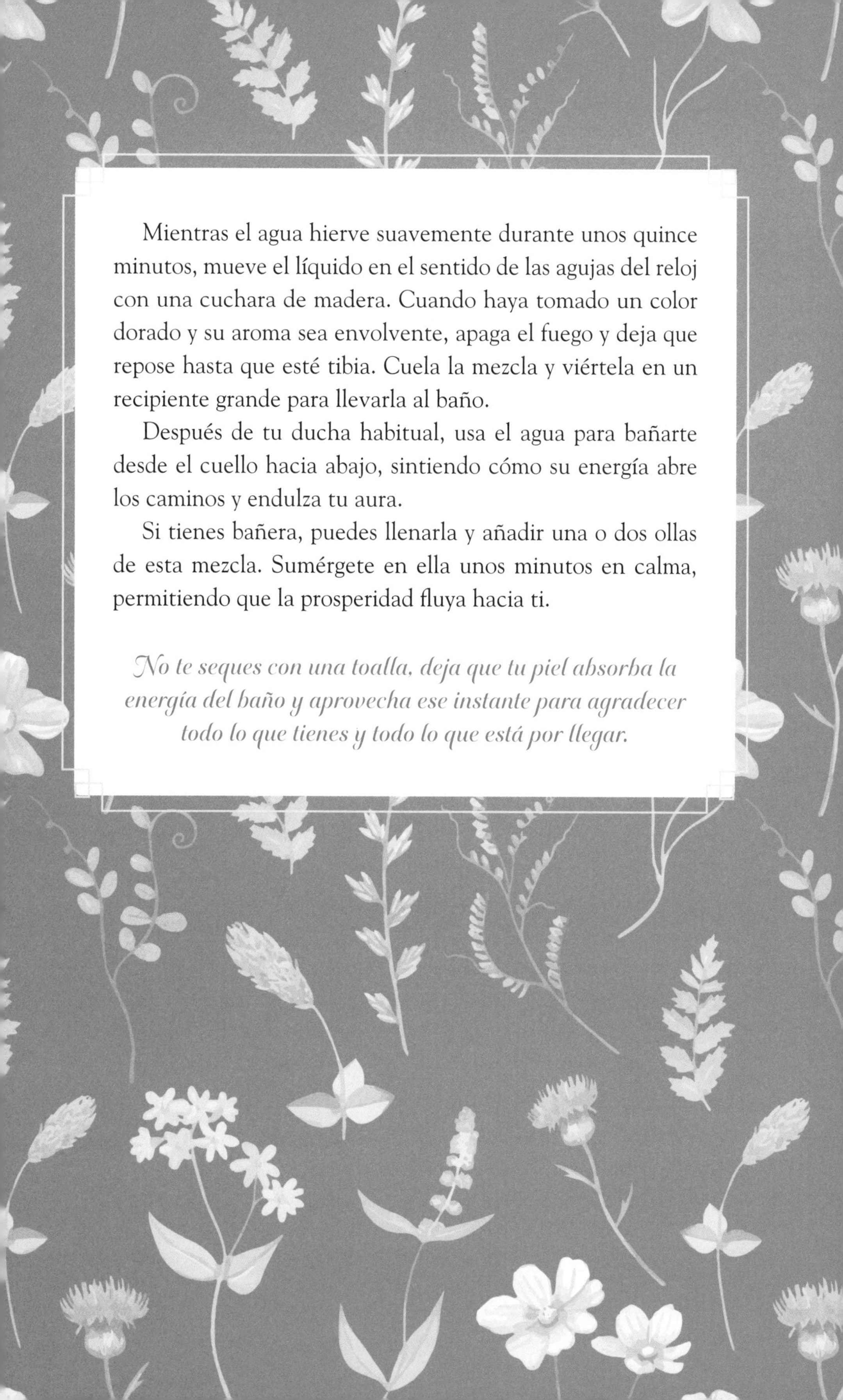

Mientras el agua hierve suavemente durante unos quince minutos, mueve el líquido en el sentido de las agujas del reloj con una cuchara de madera. Cuando haya tomado un color dorado y su aroma sea envolvente, apaga el fuego y deja que repose hasta que esté tibia. Cuela la mezcla y viértela en un recipiente grande para llevarla al baño.

Después de tu ducha habitual, usa el agua para bañarte desde el cuello hacia abajo, sintiendo cómo su energía abre los caminos y endulza tu aura.

Si tienes bañera, puedes llenarla y añadir una o dos ollas de esta mezcla. Sumérgete en ella unos minutos en calma, permitiendo que la prosperidad fluya hacia ti.

No te seques con una toalla, deja que tu piel absorba la energía del baño y aprovecha ese instante para agradecer todo lo que tienes y todo lo que está por llegar.

EL COFRE

MATERIAL:

- Un cofre o caja
- Legumbres secas (garbanzos, judías y lentejas).
- Pirita, citrino y ojo de tigre
- Una llave (antigua a poder ser)
- Un billete de curso legal
- Una estrella de anís
- Cuatro hojas de laurel
- Una vela dorada

USOS:

- Activar la energía de la prosperidad y la abundancia
- Abrir caminos financieros y eliminar bloqueos económicos
- Atraer estabilidad y éxito en negocios y proyectos personales

Este ritual es una manera de crear un *punto de atracción para la riqueza y el éxito en tu vida, permitiendo que la energía de la prosperidad fluya* de manera constante. No se trata solo de atraer dinero, sino también de abrir caminos y eliminar bloqueos que tal vez estén impidiendo tu crecimiento económico.

Para comenzar, busca un cofre o una caja especial. Puede ser de madera, metal o cualquier otro material que sientas que tiene fuerza y presencia. Lo importante es que lo uses exclusivamente para este propósito y que lo trates como un objeto sagrado dentro de tu práctica.

Coloca dentro una base de legumbres secas: garbanzos, judías y lentejas. Estos ingredientes han sido símbolos de abundancia en muchas culturas y representan la multiplicación de recursos y la estabilidad financiera. Mientras las viertes en el cofre, visualiza cómo tu vida se llena de oportunidades económicas, proyectos fructíferos y seguridad material.

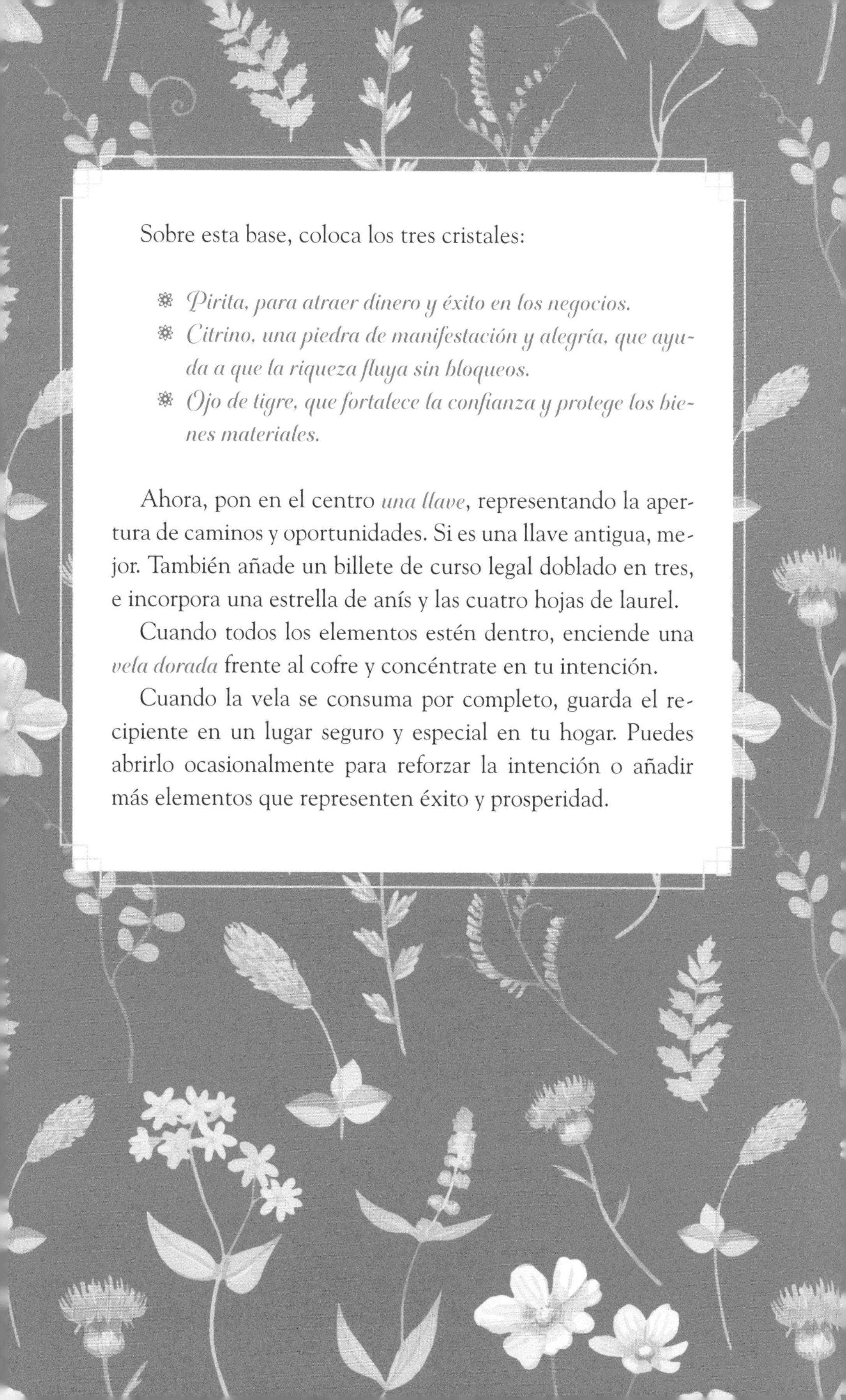

Sobre esta base, coloca los tres cristales:

- *Pirita, para atraer dinero y éxito en los negocios.*
- *Citrino, una piedra de manifestación y alegría, que ayuda a que la riqueza fluya sin bloqueos.*
- *Ojo de tigre, que fortalece la confianza y protege los bienes materiales.*

Ahora, pon en el centro *una llave*, representando la apertura de caminos y oportunidades. Si es una llave antigua, mejor. También añade un billete de curso legal doblado en tres, e incorpora una estrella de anís y las cuatro hojas de laurel.

Cuando todos los elementos estén dentro, enciende una *vela dorada* frente al cofre y concéntrate en tu intención.

Cuando la vela se consuma por completo, guarda el recipiente en un lugar seguro y especial en tu hogar. Puedes abrirlo ocasionalmente para reforzar la intención o añadir más elementos que representen éxito y prosperidad.

ELIXIR DE AGUA DE ROSAS

MATERIAL:

- Pétalos de rosas rojas frescas
- Agua filtrada o mineral
- Una botella de vidrio con tapa
- Un colador de tela o muselina
- Una cucharada de miel (opcional)
- Cuarzo rosa (opcional)

USOS:

- Tónico facial
- Bruma para el aura
- Perfumar cabello y piel
- Rituales de belleza y amor
- Purificación y armonización

El agua de rosas es más que un elixir de belleza, es un ritual de amor propio. Su preparación no es solo un proceso, sino un momento para conectar contigo, la naturaleza y con la energía de la dulzura y la atracción.

Para comenzar, elige rosas frescas y orgánicas, sin pesticidas ni químicos. Los pétalos contienen su esencia más pura, así que tómalos con delicadeza, sintiendo su suavidad y fragancia.

En una olla, calienta agua filtrada a fuego bajo. Cuando empiece a humear, añade los pétalos. No permitas que hierva, ya que el calor excesivo puede hacer que pierda sus propiedades. Déjalos infusionar con suavidad, que su esencia y color se desprendan poco a poco.

Si lo deseas, añade una cucharadita de miel, un ingrediente que potencia la dulzura y magnetismo en los rituales de belleza. También puedes colocar un cuarzo rosa dentro de la olla, permitiendo que su vibración amorosa se impregne en la mezcla.

Deja que el agua repose 20-30 minutos. Notarás cómo los pétalos liberan su aroma y el agua se tiñe con un delicado tono rosado.

Luego, cuélala con un filtro de tela o muselina, presionando suavemente los pétalos para extraer hasta la última gota de esencia.

Cuando esté lista, viértela en una botella de vidrio y guárdala en un lugar fresco o en la nevera. Puedes usarla como tónico facial, bruma energética para tu aura o para perfumar tu cabello y piel antes de salir.

Este elixir no solo embellece por fuera, sino que impregna tu energía con suavidad y magnetismo, recordándote que la verdadera belleza siempre comienza desde dentro.

ENCANTAMIENTO ELEMENTAL

MATERIAL:

- Tu perfume favorito
- Una vela
- Un cuenco con agua
- Incienso de sándalo
- Un espejo
- Una gema o una maceta con tierra
- Un paño de seda o terciopelo

USOS:

- Perfumar cabello y piel
- Tónico facial
- Bruma para el aura
- Rituales de belleza y amor
- Purificación y armonización

No importa si usas maquillaje, perfume, joyas o ropa; todo lo que toca tu piel puede cargarse con energía e intención. En este caso, usaremos el perfume como vehículo de poder. Este ritual se basa en la conexión con los cuatro elementos para impregnar el objeto con su energía.

Empieza preparando un altar para realizar este encantamiento colocando los cuatro elementos en un círculo:

- Fuego: la vela representa la chispa interior, la pasión y la confianza.
- Agua: el cuenco con agua canaliza la fluidez, la intuición y la sensibilidad.
- Aire: el incienso purifica la energía y eleva la vibración del ritual.
- Tierra: la maceta con tierra o el cristal simbolizan la estabilidad y la manifestación.

En el centro, coloca el perfume sobre un espejo limpio para amplificar su poder. Ahora enciende la vela y el incienso, respira profundamente y sintoniza tu energía con la intención que deseas programar en el perfume.

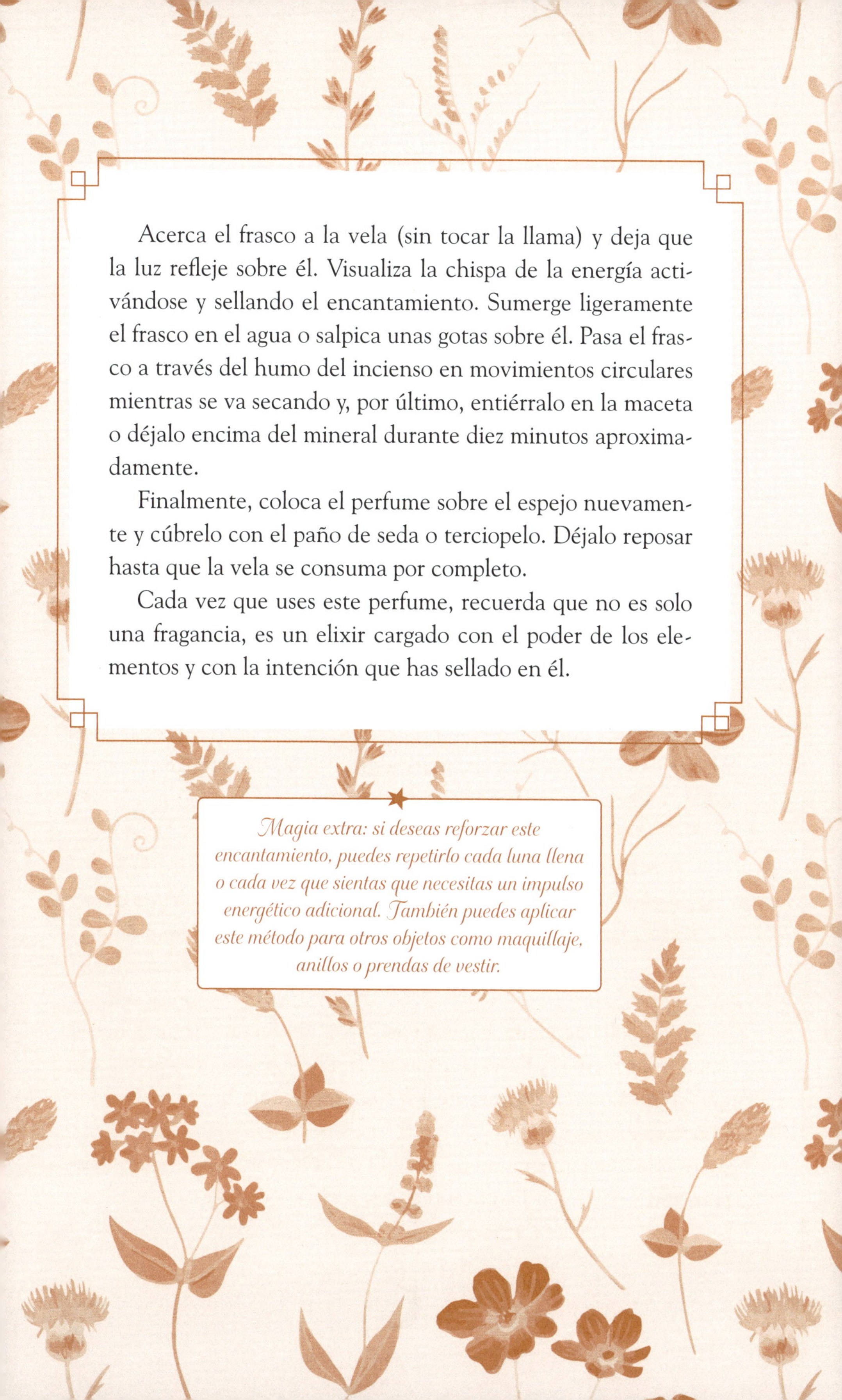

Acerca el frasco a la vela (sin tocar la llama) y deja que la luz refleje sobre él. Visualiza la chispa de la energía activándose y sellando el encantamiento. Sumerge ligeramente el frasco en el agua o salpica unas gotas sobre él. Pasa el frasco a través del humo del incienso en movimientos circulares mientras se va secando y, por último, entiérralo en la maceta o déjalo encima del mineral durante diez minutos aproximadamente.

Finalmente, coloca el perfume sobre el espejo nuevamente y cúbrelo con el paño de seda o terciopelo. Déjalo reposar hasta que la vela se consuma por completo.

Cada vez que uses este perfume, recuerda que no es solo una fragancia, es un elixir cargado con el poder de los elementos y con la intención que has sellado en él.

Magia extra: si deseas reforzar este encantamiento, puedes repetirlo cada luna llena o cada vez que sientas que necesitas un impulso energético adicional. También puedes aplicar este método para otros objetos como maquillaje, anillos o prendas de vestir.

ESPRAY ÁURICO

MATERIAL:

* 150 ml de agua filtrada
* Hierbas y flores a elección
* Una cucharadita de alcohol o vodka (para conservar la mezcla)
* Un colador
* Una vela blanca
* Unas gotas de aceites esenciales
* Un paño de seda u otro material

USOS:

* Purificación del aura y protección energética
* Acompañar meditaciones, rituales o momentos de introspección
* Potenciar la conexión con la propia energía
* Reforzar la confianza y el magnetismo personal

Este espray es mucho más que un simple aroma agradable; es una bruma energética que actúa como un *escudo vibracional*. Su preparación no consiste solo en mezclar ingredientes, sino en un proceso mágico donde cada gota se impregna de tu intención.

Para empezar, elige un frasco de vidrio con pulverizador. Si puedes conseguir uno ámbar o azul oscuro, mejor, ya que estos colores ayudan a preservar la energía del contenido y mantienen su vibración activa por más tiempo.

En una olla pequeña, calienta agua filtrada sin que llegue a hervir y añade las hierbas y flores que hayas elegido según tu propósito. Deja que la infusión repose durante 15-20 minutos para que absorba toda la esencia de las plantas.

Añade una cucharadita de alcohol o vodka para conservar la preparación y potenciar la difusión de los aceites esenciales.

Luego, incorpora entre 10 y 15 gotas de los aceites esenciales según la intención que desees trabajar. Remueve con una cuchara de madera y cuela la mezcla con cuidado antes de verterla en el frasco con pulverizador.

Toma un paño de seda o de otro material natural y envuelve el frasco mientras le transmites tu intención. Sostenlo entre las manos, cierra los ojos y visualiza una luz que envuelve la mezcla, cargándola con energía positiva.

Úsalo cuando sientas la necesidad de elevar tu vibración, limpiar tu aura o simplemente rodearte de una energía fresca y renovada. Puedes rociarlo sobre ti, sobre tu espacio personal, sobre tu almohada antes de dormir o incluso sobre tus herramientas mágicas para purificarlas energéticamente.

- Canela: atracción y energía positiva
- Canela en rama: energía, magnetismo y poder personal
- Jazmín: magnetismo y confianza
- Lavanda: protección y relajación
- Manzanilla: paz y equilibrio emocional
- Pétalos de rosa: amor propio y armonización
- Romero: purificación y claridad mental
- Sándalo: conexión espiritual

BAÑO DE AFRODITA

MATERIAL:

- Una vela rosa o roja
- Incienso de rosas o sándalo
- Un litro de leche entera (puede ser de vaca, cabra o vegetal)
- Tres cucharadas de miel pura
- Pétalos de rosas rojas y rosadas
- Una rama de canela
- Una estrella de anís
- Una manzana roja cortada en rodajas
- Unas gotas de esencia de vainilla o jazmín
- Una taza de sal rosa del Himalaya o sal marina

USOS:

- Activar el magnetismo personal y la seducción
- Potenciar el amor propio y la confianza
- Atraer amor, pasión y dulzura a la vida
- Conectar con la energía de Afrodita y la sensualidad
- Prosperidad y abundancia en todas sus formas

Para empezar, prepara el espacio con una vela rosa o roja y un incienso de rosas o sándalo.

En una olla, vierte un litro de leche entera, sin que llegue a hervir. Mientras calienta, añade 3 cucharadas de miel, removiendo en sentido de las agujas del reloj para activar su poder de atracción y dulzura. La miel no solo suaviza la piel, sino que también actúa como un imán energético para atraer amor y armonía. Después, agrega los pétalos de rosas rojas y rosadas, la rama de canela, la estrella de anís y una manzana roja cortada en rodajas finas. Por último, añade cinco gotas de esencia de vainilla o jazmín, fragancias que potencian la feminidad y el encanto natural.

Mientras la mezcla hierve a fuego lento durante unos 15-20 minutos, mueve el agua con una cuchara de madera.

Añade una taza de sal rosa del himalaya o sal marina. Este ingrediente no solo ayuda a purificar tu energía y a protegerte de cargas externas, sino que también realza la conexión con tu cuerpo, dejando la piel suave y revitalizada.

Si tienes bañera, llénala con agua tibia y añade la infusión. Sumérgete en el baño y deja que la mezcla te envuelva la piel y el campo energético. Si no tienes bañera, puedes ducharte como de costumbre y, al final, verter la mezcla desde el cuello hacia abajo, visualizando cómo te impregnas de su vibración seductora y amorosa.

Cuando termines, *no te seques con una toalla inmediatamente*. Deja que tu piel absorba la leche y la miel unos minutos antes de retirar el exceso con una toalla suave.

Magia extra: lo ideal es realizar este baño en luna creciente o llena, especialmente un viernes, día regido por Venus. Puedes repetirlo cuando sientas que necesitas un impulso de confianza, amor propio o cuando quieras atraer conexiones amorosas más alineadas con tu energía.

ANCLAJE A LA TIERRA

MATERIAL:

- Espacio natural (bosque, parque, playa o jardín
- Tierra o arena
- Una vela marrón o verde
- Incienso de mirra, sándalo o pino
- Hematita y jaspe rojo

USOS:

- Fortalece el enraizamiento
- Estabiliza la energía
- Restaura el equilibrio emocional y energético
- Alinea el cuerpo con su centro natural de poder

El enraizamiento es una de las prácticas más poderosas para *conectar con la estabilidad, el equilibrio y la seguridad que nos ofrece la Tierra*. Busca un espacio natural donde puedas estar en contacto directo con la tierra o la arena. Puede ser un bosque, la orilla de un río, un parque o incluso la playa. Lo ideal es encontrar un lugar tranquilo, donde puedas estar en conexión sin interrupciones.

Coloca la vela marrón o verde frente a ti y enciéndela como símbolo de estabilidad y crecimiento. Enciende el incienso de mirra, sándalo o pino y deja que el humo purifique tu energía y el entorno, preparándote para la conexión.

Toma la hematita en una mano y el jaspe rojo en la otra. La hematita es una piedra de anclaje y protección, capaz de absorber energías densas y fortalecer tu conexión con la Tierra. El jaspe rojo, por su parte, activa la vitalidad y el flujo de energía, ayudándote a notarte con más confianza y arraigo.

Siéntate con los pies descalzos y entiérralos suavemente en la tierra o la arena. Cierra los ojos y respira hondo. Percibe cómo la energía de la Tierra comienza a subir desde la planta de tus pies, recorriendo tu cuerpo con una sensación cálida y envolvente.

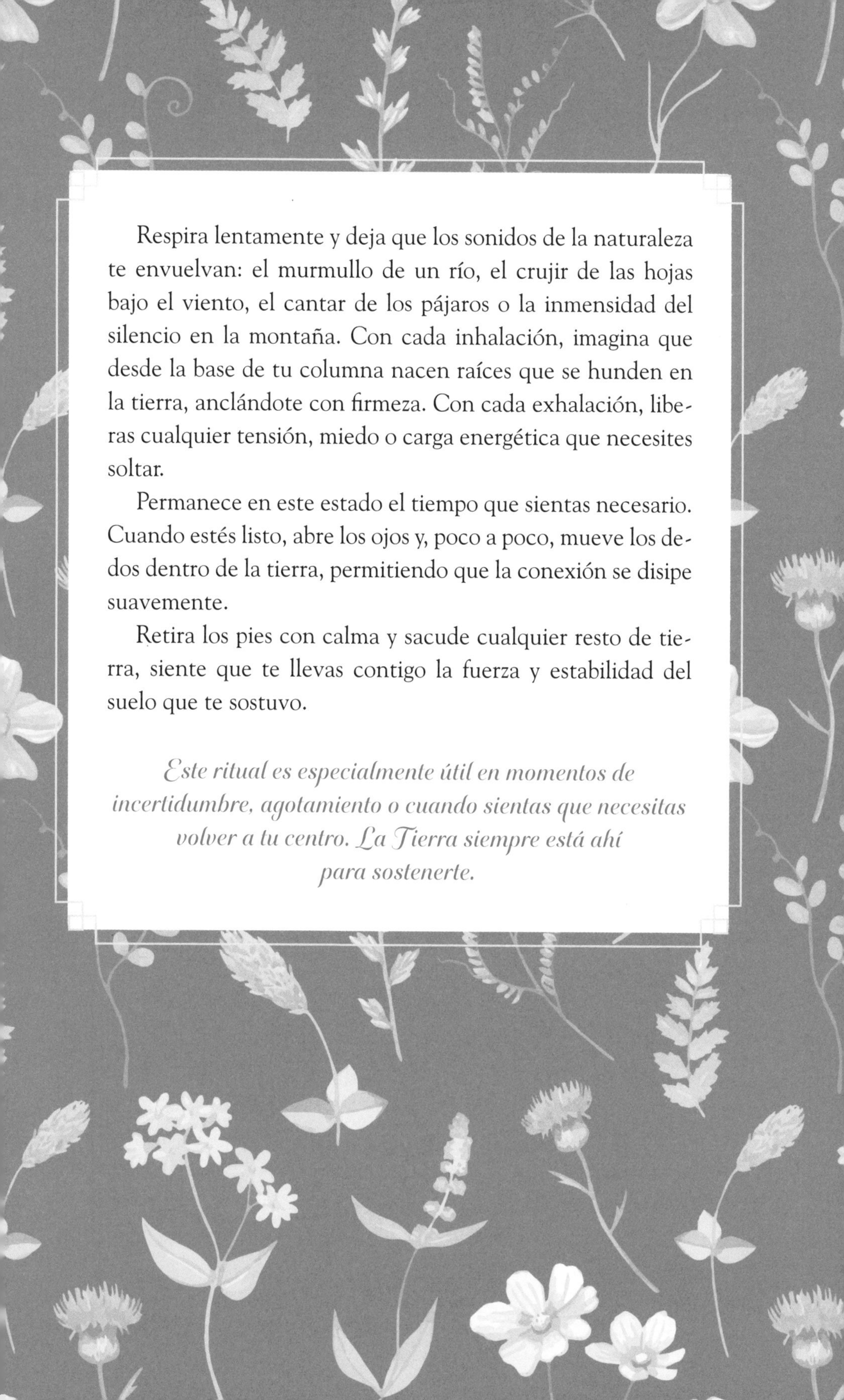

Respira lentamente y deja que los sonidos de la naturaleza te envuelvan: el murmullo de un río, el crujir de las hojas bajo el viento, el cantar de los pájaros o la inmensidad del silencio en la montaña. Con cada inhalación, imagina que desde la base de tu columna nacen raíces que se hunden en la tierra, anclándote con firmeza. Con cada exhalación, liberas cualquier tensión, miedo o carga energética que necesites soltar.

Permanece en este estado el tiempo que sientas necesario. Cuando estés listo, abre los ojos y, poco a poco, mueve los dedos dentro de la tierra, permitiendo que la conexión se disipe suavemente.

Retira los pies con calma y sacude cualquier resto de tierra, siente que te llevas contigo la fuerza y estabilidad del suelo que te sostuvo.

Este ritual es especialmente útil en momentos de incertidumbre, agotamiento o cuando sientas que necesitas volver a tu centro. La Tierra siempre está ahí para sostenerte.

APERTURA ESPIRITUAL Y POTENCIADOR

MATERIAL:

* Una vela morada
* Incienso de mirra o salvia
* Amatista
* Unas gotas de aceite esencial de lavanda
* Un espejo
* Un vaso de agua y sal

USOS:

* Expandir la percepción espiritual
* Fortalecer la intuición y la clarividencia
* Conectar con la propia esencia y guías espirituales
* Desbloquea el *chakra* Ajna

Crea un espacio cómodo donde puedas relajarte sin interrupciones. Enciende la vela morada y observa la llama unos instantes. Respira profundamente, siente cómo su luz te envuelve el entrecejo y empieza a activar tu percepción interna.

Toma el incienso y pásalo suavemente alrededor de tu cuerpo, prestando especial atención a la zona del tercer ojo. Visualiza cómo cualquier bloqueo o distracción mental se disipa con el humo, despeja el camino para una conexión más profunda con tu intuición.

Ahora, sostén la amatista entre las manos y llévatela a la frente. Puedes frotarla suavemente sobre tu tercer ojo con una ligera presión circular o, si lo prefieres, recostarte y dejarla reposar sobre la frente mientras te sumerges en una meditación profunda. Siente cómo la vibración de la piedra se sincroniza con tu energía, abriendo el canal de percepción.

Con la punta de los dedos, unta un poco de aceite esencial de lavanda y masajea el área del entrecejo con movimientos ascendentes. Hazlo con suavidad, dejando que el aroma te envuelva y potencie el proceso. Imagina cómo la energía empieza a expandirse, despierta tu intuición y te conecta con lo que antes estaba oculto.

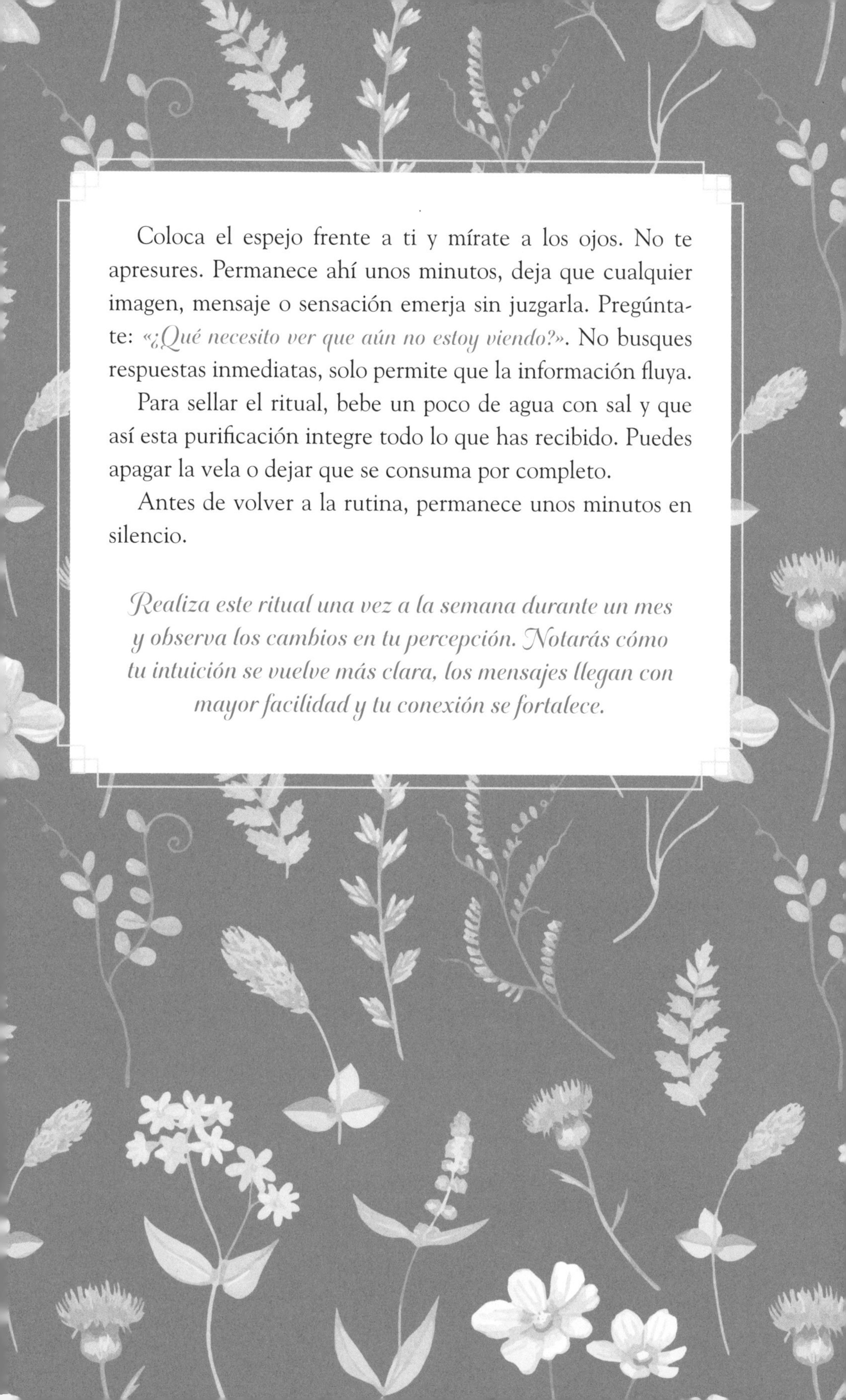

Coloca el espejo frente a ti y mírate a los ojos. No te apresures. Permanece ahí unos minutos, deja que cualquier imagen, mensaje o sensación emerja sin juzgarla. Pregúntate: *«¿Qué necesito ver que aún no estoy viendo?»*. No busques respuestas inmediatas, solo permite que la información fluya.

Para sellar el ritual, bebe un poco de agua con sal y que así esta purificación integre todo lo que has recibido. Puedes apagar la vela o dejar que se consuma por completo.

Antes de volver a la rutina, permanece unos minutos en silencio.

Realiza este ritual una vez a la semana durante un mes y observa los cambios en tu percepción. Notarás cómo tu intuición se vuelve más clara, los mensajes llegan con mayor facilidad y tu conexión se fortalece.

HONRA Y CONEXIÓN CON ANCESTROS

MATERIAL:

- Un paño negro o blanco
- Una vela blanca o una vela tradicional de sebo si deseas mantener el simbolismo ancestral
- Una fotografía u objeto que represente a tu ancestro
- Un cuenco con agua
- Ofrenda de comida o bebida
- Incienso de copal o mirra
- Papel y bolígrafo
- Tierra de algún lugar significativo (puede ser de un cementerio, casa familiar, o simplemente tierra como símbolo de raíces)

Este ritual tiene raíces en las antiguas prácticas de culto a los ancestros, presentes en diversas tradiciones en todo el mundo. Honrar a los que nos precedieron no es solo un acto de respeto, sino también una forma de reconocer la energía que aún habita en nosotros a través de nuestra sangre, nuestras historias y nuestra intuición.

Busca un lugar tranquilo para crear un pequeño altar o espacio de conexión. Extiende un paño negro o blanco y coloca sobre él la vela de sebo en el centro, la fotografía o el objeto que represente a tus ancestros, el cuenco con agua y la ofrenda que hayas elegido.

Enciende la vela con calma y permite que su luz actúe como un faro en el plano espiritual. A medida que el fuego crece, prende el incienso y deja que el humo envuelva el espacio, creando un puente energético entre este mundo y el de los espíritus.

Sostén la fotografía u objeto en las manos y cierra los ojos. Respira hondo y llama a tus ancestros en voz alta, con respeto y amor: *«Ancestros de mi linaje, aquellos cuyos nombres conozco y aquellos que no, los honro y los invito a este espacio sagrado. Hoy busco su guía, su protección y su sabiduría. Si hay algo que deban mostrarme, estoy aquí para escuchar».*

Coloca el objeto de vuelta en el altar y escribe en el papel una pregunta o una intención con la que desees conectar. Puede ser una duda, un consejo, o simplemente una petición de claridad o un mensaje a tus ancestros.

Después de escribir tu intención, toma un poco de la tierra que hayas elegido. Puede ser de un cementerio, de una casa familiar o simplemente un puñado de tierra que sientas cargado de significado, como una simple maceta. Sostenla unos instantes entre las manos y visualiza cómo esa tierra te conecta con la historia de quienes caminaron antes que tú. Puedes esparcir un poco en la base del altar o colocarla junto a la vela como símbolo de tus raíces y tu linaje.

Ahora, toma el cuenco de agua y míralo fijamente, permitiendo que tu mente se relaje. Muchas culturas han usado el agua como un espejo del alma, donde los mensajes de los ancestros pueden reflejarse en forma de imágenes, sensaciones o pensamientos inesperados. Dedica unos minutos a este ejercicio de introspección. Después, siéntate en silencio frente a la vela y permite que cualquier mensaje llegue a ti. Tal vez surja un recuerdo, una emoción o una respuesta clara en tu mente. No tengas prisa, deja que la comunicación fluya.

Cuando sientas que el momento ha terminado, agradece en voz alta la presencia de tus ancestros: *«Gracias por su guía, por su protección y por estar conmigo. Los honro y los recuerdo. Pueden regresar a su lugar con paz».*

Para cerrar el ritual, apaga la vela (si quieres que su energía continúe trabajando, que se consuma por completo). Deja la ofrenda unas horas o un día en el altar, y luego devuélvela a la tierra, ya sea enterrándola o dejándola en un espacio natural.

El agua del cuenco puedes desecharla en una planta o en un sitio donde fluya libremente. Guarda la fotografía y el objeto con cuidado, pues ya se han impregnado con la energía de este encuentro.

LA MAGIA ESTÁ EN TI

Tras sumergirte entre páginas llenas de símbolos, rituales, conocimientos y experiencias, has notado que la verdadera magia no está en los ingredientes, ni en las herramientas, ni siquiera en las palabras que pronunciamos… Está en la intención, en la conexión y en la confianza que depositamos en nuestro propio poder.

Por eso, poco a poco, has entendido tu magia. Has visto que no hay un único camino ni una única forma de practicarla, sino que la clave es aprender a escuchar lo que resuena contigo, lo que enciende tu fuego interior y lo que te hace sentir en armonía con el universo. Permítete fluir con la energía del momento, sin miedo a explorar, sin dudas sobre tu esencia. Tu magia es única, irrepetible y siempre ha estado dentro de ti, esperando a ser reconocida.

Este libro no es un punto final, sino el inicio de un viaje más profundo hacia ti mismo. Espero que encuentres señales en lo cotidiano, fuerza en lo invisible y certezas en aquello que otros llaman casualidad; también, que tu intuición sea tu brújula y que cada día descubras nuevas formas de vibrar con la magia que te rodea.

Antes de cerrar estas páginas, quiero agradecer a todas esas almas mágicas que han confiado en mí para guiarlas en este camino, a quienes han aprendido conmigo, han compartido su energía y han permitido que mi voz llegue hasta sus corazones. Este libro es por y para vosotros.

La magia está en todas partes, solo hay que saber dónde mirar.

Con cariño,
Lydia Ilussia